2. Auflage 2003 ISBN 3-921799-48-1

80687 München

Druck und Bindung:
Ludwig Auer GmbH, 86609 Donauwörth
Grafik: Kerrin von Carnap, 82057 Icking
Fotos: Michael Volkmann, 80686 München

Printed in Germany

Kaffee

cappuccino espresso und vieles mehr

Olli Leeb

Inhalt

Inhalt

Wenn Sie dieses Buch in Händen haben, steht schon fest, dass Sie sich für Kaffee interessieren. Vielleicht sind Sie eine Person der siebenundsiebzig Prozent Kaffeekonsumenten, die am liebsten ihren Kaffee zu Hause nach einem bestimmten Ritus selber brauen. Vielleicht möchten Sie einmal die Möglichkeit nützen andere Zubereitungsarten auszuprobieren.

Ich möchte Sie außerdem verführen, einzutauchen in die unglaubliche und faszinierende Geschichte des Kaffees. Durch Zufall kam ich auf dieses Thema, das mich nicht mehr losließ. Welches kleine Naturprodukt konnte einen solchen Welterfolg erlangen?

Auszüge dieser Geschichte finden Sie hier zur Lektüre. Die vollständige würde den Rahmen dieses Buches sprengen, zumal es in meiner Kochbuchreihe erscheinen soll und meinen Kunden eine Anzahl von Rezepten, die der Herstellung von verschiedenen Arten von Kaffeezubereitung gerecht werden sollte. Außerdem enthält das Buch viele Rezepte, die mit Kaffee hergestellt werden, wie Getränke, Eis, Desserts, Kuchen und vielem mehr.
Um vorweg zu nehmen, dies ist kein Fotoband, um Ihnen dafür mehr Information zu bieten. Auch an den gesundheitlichen Wert von Kaffee ist gedacht.
Wenn Sie das nächste Kapitel lesen, dann bin ich überzeugt, dass Sie morgen schon Ihren Frühstückskaffee bewusster und mit ganz anderen Augen betrachten werden.
Sie werden diese Tasse als etwas ganz Besonderes genießen, wenn Sie erfahren haben wieviel Sorgfalt, Kenntnis und Arbeit in den 50 handverlesenen Bohnen steckt, die gerade für eine einzige Tasse nötig sind.
Freuen Sie sich mit mir:

Wie schön, dass wir so guten Kaffee haben.

Kaffeepflanze
Setzling
Blüte
Baum
Frucht
Den Setzling muß man sorgsam pflegen,
dann bringt er reichen Kaffeesegen.
Kaffeepflanze
Setzling
Blüte
Baum
Frucht
Herz der Kaffeepflanzer lacht,
er den Strauch in voller Pracht.
Kaffeepflanze
Setzling
Blüte
Baum
Frucht
Zur gleichen Zeit der Kaffeestrauch
treibt Blätter, Blüten, Früchte auch.
Hauptanbaugebiete
Kenya
Columbien
Costa Rica
Brasilien
Im schattigen Bananenhain
kann der Setzling gut gedeihn.
Kaffee-Ernte
Pflücken
Trocknen
Waschen
Rösten
Mädchen ernten den Kaffee,
der Ochse wartet in der Näh.
Kaffee-Ernte
Pflücken
Trocknen
Waschen
Rösten
Die Pflanzer haben viel zu tun,
hier waschen sie den Kaffee nun.

Die Kaffee-Pflanze – der weite Weg zur Kaffeebohne

Eine gesunde keimfähige Kaffeebohne guter Abstammung wird unter Glas in humusreiche Erde gedrückt. Erst nach 1 ½ Monaten kommt das kleine Pflänzchen durch. Mit ½ m Höhe wird dann dieser Setzling in großem Abstand in die Plantage verpflanzt.
Je nach Lage kann es bis zu **4-6 Jahre** dauern, bis der Strauch Blüten zeigt. Nur für Stunden, dann fallen diese bezaubernden Blüten, die einen herrlichen Duft nach Jasmin und auch Orangenblüten verströmen, wieder ab, um einer Rispe mit kleinen grünen Perlen Platz zu machen, die dann zur "Kaffeekirsche" heranreifen.
Das bedeutet dann wieder **9 Monate** Intensiv-Pflege mit unglaublicher Arbeit: Pflanzen von Unkraut freihalten, beschneiden, bewässern, Schädlingsbekämpfung etc. Die Kaffeekirschen haben ein rosafarbenes, nach Pfirsich riechendes Fleisch, das die kleinen, grünen Bohnen bis zur Reife einhüllt. Die Kirsche ändert die Farbe von grün, gelb, orange, rot bis zu einem dunklen Violett. Da reife und unreife Früchte und Blüten zur selben Zeit am gleichen Strauch sitzen ist die Ernte überaus arbeitsintensiv. Kein anderes Naturprodukt ist so arbeitsaufwändig und verlangt soviel Geschick, Wissen und Aufmerksamkeit vom Menschen wie der Umgang mit Kaffee. Eine einzige schlechte Bohne kann immensen Schaden anrichten. Der Ertrag ist sehr gering. Ein Strauch liefert gerade 500-1000 g Bohnen!

Phänomen Kaffee

Welch eine kuriose Geschichte! Sie handelt von einem kleinen Naturprodukt, es ist 8-10 mm groß, oval mit Längseinschnitt, anfangs blassgraugrün, später braun. Sein Name ist **"Kaffeebohne"**, kurioserweise hat diese botanisch aber nichts mit einer "Bohne" zu tun. Sie sollte **ein** Samenkern sein, es sind aber üblicherweise **zwei**, die in einer angeblichen „Kirsche" eingebettet sind. Diese ist aber wiederum botanisch gar keine "Kirsche".

Mit dieser Identifikation, sozusagen mit falschem Pass, zog sie aus um die Welt zu verändern.

Wenn es um die Herkunft dieser ominösen "Bohne" geht, scheiden sich die Geister. Wissenschaftler gehen heute davon aus, dass vor tausenden von Jahren in der Gegend von Äthiopien das Paradies war und dort die ersten Menschen lebten. Nach ebensovielen tausenden von Jahren, nämlich im 11. oder 14. Jahrhundert n. Chr., die Geschichtsschreiber konnten sich nicht einigen, hatte unsere kleine Bohne ihren Auftritt angeblich in diesem besagten Äthiopien.

Infolge mangelnder Beweise wurden die Geschichtslücken mit wunderschönen Erzählungen ausgefüllt. Dann kommt etwas Wahres. Die Bohne wandert in den Orient aus. Die trinkbare Zubereitung geht wahrscheinlich von dort aus. Im 16. Jahrhundert: das Entstehen der ersten Kaffeehäuser im Orient: "Die Schulen der Weisheit".

1624 Erste Ausfuhr zum Haupthandelsplatz in Europa, Venedig! Vorerst nur grüne Coffea-Bohnen für Ärzte und Apotheker.
Später 200 Kaffeehäuser.
1625 Holland: Kaffee aus eigenen Kolonien.
1637 Londons Kaffeehäuser in Uni-Nähe.
1657 Paris voller Ablehnung.
1659 Paris mit Zucker großer Erfolg.
1673 folgte Deutschland, heute zum zweitgrößten Kaffeeverbraucher nach Amerika aufgestiegen.

Den größten Erfolg erreichte unsere kleine Bohne bei der Industrialisierung, bei der das Bier, das schon zum Frühstück und bei der Arbeit getrunken wurde, der Kaffee verdrängte. Damit wurde eine leistungsfähigere Arbeitsgemeinschaft herangezogen, die beim Umgang mit Maschinen besser geschützt war und mehr Leistung brachte, was für Unternehmer und dadurch auch für Arbeitnehmer von großem Nutzen war. Der Sprung über den großen Teich erfolgte durch Hollands Kolonien. Damit begann der gigantische Erfolg Südamerikas.

So hat die kleine Bohne weitab ihrer Heimat alle Länder der Welt erreicht und ist dadurch mit 300 Millionen Beschäftigten der weltgrößte Arbeitgeber geworden.

Publ by T. Curtis St Geo Crescent July 1.1810. Sydm Edwards Del. F. Sansom Sculp.

Der unerkannte Wert des Kaffees

Erst verdammt, dann spät erkannt. Was wurde alles unternommen um Bohnenkaffee zu stoppen. Schwarzes Gift, Teufelstrank, was wurde alles Schlimmes über dieses Getränk gesagt! Kein Verbot nützte und es konnte letztendlich den Siegeszug antreten.

Kurze Zeit bevor Kaffee getrunken wurde, erkannten Mediziner und Homöopathen den Wert der Coffea-Pflanze und deren Wirkstoff Koffein. Die Rede ist von der grünen, ungerösteten Bohne des Kaffeestrauches, die von der dünnen Silberhaut befreit und zu Pulver verarbeitet wird. In der Homöopathie wird dieses Pulver zu einer Urtinktur als Ausgangssubstanz für etliche Schmerzmittel hergestellt. Die Hersteller von Aspirin, Thomapyrin und anderen Schmerzmitteln haben sich die Wirkung von Koffein auch zu Nutze gemacht.

Lange vor dieser Epoche erkannten alte Mediziner schon den Wert der Coffea-Bohne. So schreibt Pringle in dem Buch "Rezepte berühmter Ärzte aus 5000 Jahren" von Hans Kurth, Ramon F. Keller Verlag, Genf:
"Coffea ist ein vorzügliches Mittel gegen asthmatische Beschwerden und die periodische Engbrüstigkeit. Man lässt ihn frisch brennen und mahlen und alle viertel oder halbe Stunde eine Tasse von 32 Gramm nehmen."

Das beinhaltete Koffein wirkt auf das Zentralnervensystem und ist somit für ein großes Spektrum zuständig. Die Gefäßnerven werden beeinflusst, die Gehirndurchblutung ist für geistig arbeitende Menschen wichtig, Herz und Nieren werden aktiviert, die Verdauung gefördert, hilft bei Regelschmerzen und Neuralgien, Zahnschmerzen, Schlaflosigkeit!, Nervosität, steigert die Harnausscheidung und hilft bei Muskelverspannungen.

Wissenschaftler bestätigen: Kaffee ist im normalen Gebrauch völlig unschädlich, das enthaltene Koffein ein wichtiges Heilmittel. Es hat keinen Einfluss auf den Blutdruck, bei Unterdrucklern eher positive Wirkungen zur Normalisierung. Kaffee hat keinen Einfluss auf Krebsentstehung oder Herzinfarktrisiko. Neueste Erfahrungswerte ergeben: Manchen Menschen mit Herzattacken könnte schnell mit einer Tasse Kaffee geholfen werden. Kaffee macht beschwingt und gute Laune und macht nicht süchtig!

Vergessen Sie bitte nicht:
Nachdem Kaffee entwässernd wirkt, dieses unbedingt mit Wasser ersetzen, auf 1 Tasse Kaffee 2 Tassen (Gläser) Wasser.

Wie der Kaffee nach Brasilien kam

Manchmal sind es Frauen, die "Geschichten" machen und dann in die Geschichte eingehen. Typisch so bei einem Streit zwischen zwei Kaffeeproduzenten aus Hollands und Französisch-Guyanas Kolonien, die sich wegen einer Grenzlinie nicht einigen konnten.

Schließlich war allgemein das Interesse an dem neuen Produkt "Kaffee" enorm gestiegen und jeder wollte an dieser neuen Geldquelle teilhaben.

Nach vielen Beratungen entschied man sich, in dieser verfahrenen Situation einen neutralen Vermittler einzusetzen. Die Wahl fiel auf einen jungen, scheinbar sehr charmanten brasilianischen Offizier namens Francisco de Melo Palheta. Dieser hatte zur Zufriedenheit aller Parteien die Streitigkeiten souverän beenden können. Dies war schon ein sehr großer Erfolg für ihn.

Den noch weit größeren Erfolg hatte er aber bei der bezaubernden Gattin des Gouverneurs. Anlässlich eines feierlichen Banketts, das zu Ehren des erfolgreichen Offiziers zu seinem Abschied abgehalten wurde, konnte ihm die Gouverneursgattin dann einen unverfänglichen Blumenstrauß überreichen.

Keiner wusste, dass die Lady ihm die hochbegehrten Kaffeebaumsetzlinge für Brasilien darin versteckt hatte.

BRASILIEN WURDE DADURCH ZUM ZWEITWICHTIGSTEN EXPORTLAND DER WELT GEMACHT.

Wo wächst denn ...

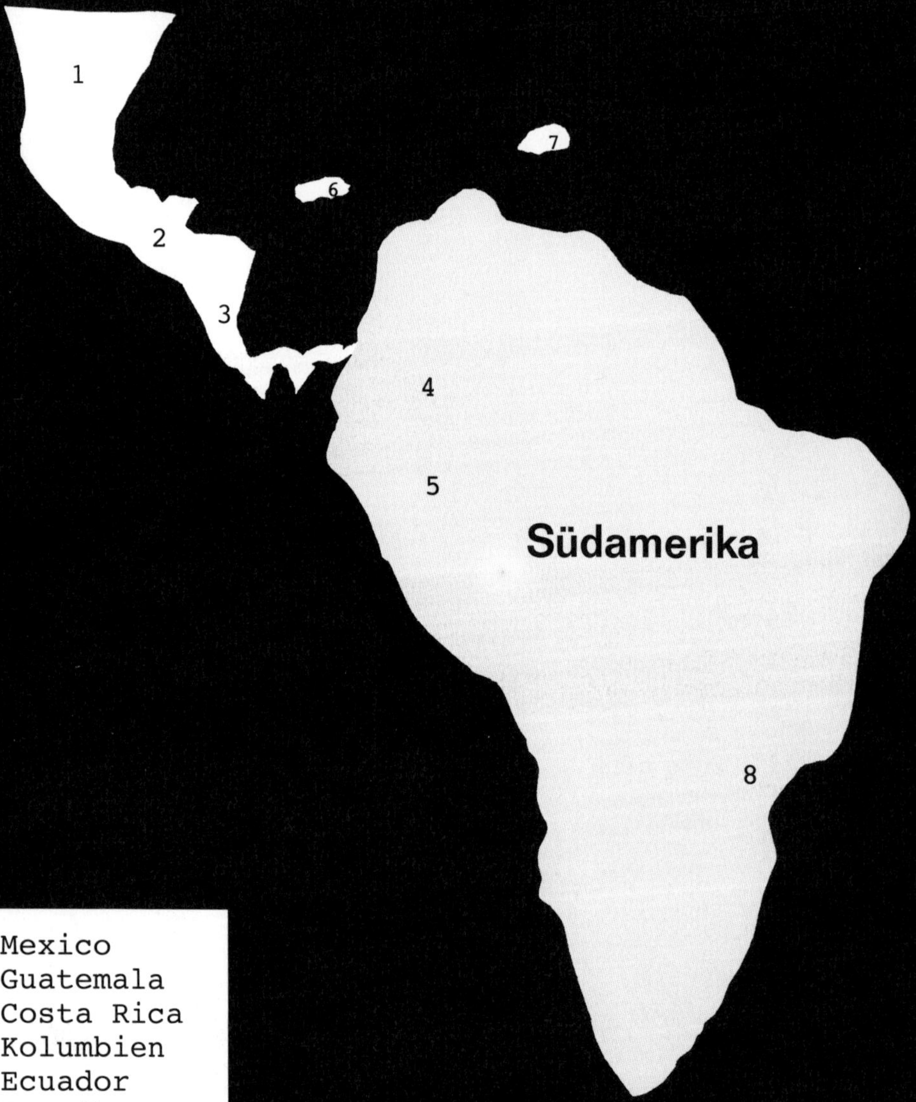

1 Mexico
2 Guatemala
3 Costa Rica
4 Kolumbien
5 Ecuador
6 Jamaika
7 Puerto Rico
8 Santos

mein Kaffee

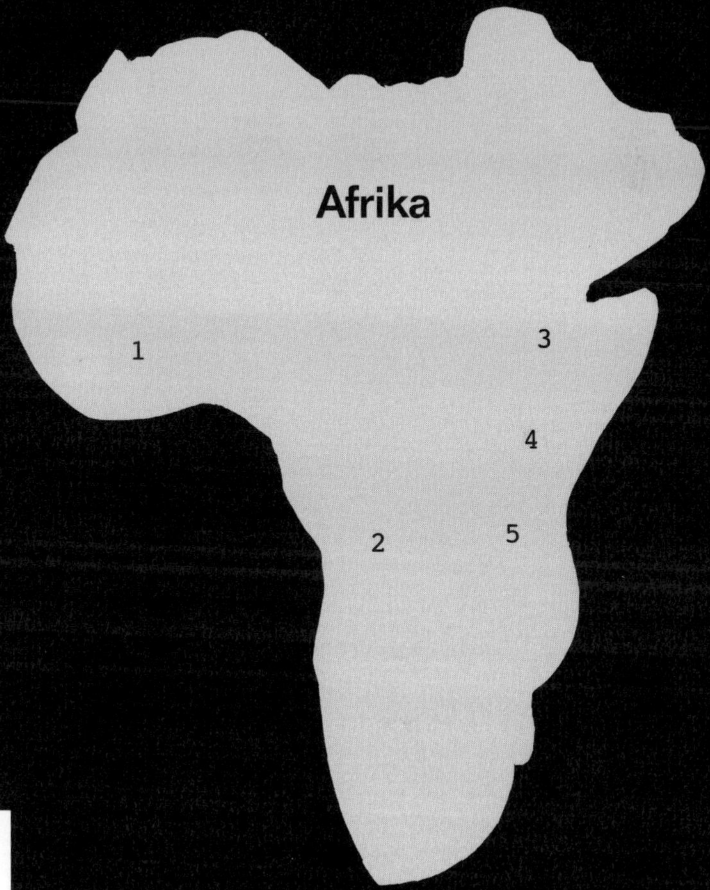

1 Kamerun
2 Angola
3 Äthiopien
4 Kenia
5 Tansania

Brasilien und sein Kaffee

Sie kennen bereits die Geschichte, wie Brasilien zu seinem Kaffee kam. Niemand konnte ahnen, dass dieses Land das bedeutendste Kaffeeland werden wird. Seit 1727 ist es die größte Ausfuhrmetropole für Kaffee. Die Plantagen sind weltweit die größten mit einer Fläche von 8 Millionen Quadratkilometern, die mit Kaffeepflanzen angebaut sind. Bei einer Jahresproduktion von ca. 100 Millionen Sack mit dem üblichen Maß von 60 kg steht Brasilien an der Spitze. Weit über 25 Millionen Menschen sind beschäftigt mit Kaffee. Sie sind landgebunden, weil sie in vielen Plantagen jahraus, jahrein beschäftigt sind, da die reifen Früchte immer ausgelesen werden müssen. Nicht immer sind die Ernten gleichmäßig gut im Ertrag, da Kaffee sehr witterungsabhängig ist. So können Missernten auftreten und große Verluste einbringen. Die Vergangenheit hat alle Höhen und Tiefen gezeigt. Eine Überproduktion in den 30er Jahren führte dazu, dass der Kaffee vernichtet wurde um den Preis zu halten. In Lastautos wurde er zum Meer gefahren und dort im Wasser abgeladen oder anderswo verbrannt. Damals gab es noch kein Fernsehen, aber die Bilder in der Zeitung haben uns Europäer sehr schockiert. Jahre vorher gab es Missernten, was zeigt, dass es keinen stabilen Preis geben konnte. Die einzige Lösung war noch die Erfindung des Instant-Kaffees, um die Schwankungen auszugleichen. Brasilien hat sehr hohen Eigenbedarf, der aber die Ausfuhrzahl nicht sehr beeinträchtigt. Die Plantagenarbeiter verdienen wenig. Aber viele Organisationen bemühen sich um gerechten Lohn. Der Gewinner am Kaffeepreis ist der Fiskus.

Wie heißt „Kaffee" in anderen Ländern

Arabien	Kahwa
Brasilien	Café
Deutschland	Kaffee
Dänemark	Kaffee
England U.K.	Coffee
Finnland	Kahv
Frankreich	Café
Griechenland	Kavéo
Holland	Koffie
Indien	Coffee
Italien	Caffè
Japan	Koohii
Marokko	Qahwa
Norwegen	Kaffe
Polen	Kawa
Portugal	Café
Rumänien	Cafea
Schweden	Kaffe
Russland	Kofe
Türkei	Kawa
Tschechien	Káva
Ungarn	Kávé
U.S.A.	Coffee

Die wichtigsten Sorten

Von den weltweit 80 verschiedenen Kaffeesorten sind für den Verbraucher lediglich zwei von Bedeutung. Es sind die ungleichen beiden Schwestern: Die feine, ältere Coffea arabica und die weniger empfindliche, jüngere Robusta Coffea canephora, die ihren Namen auch zurecht trägt. Sie wurde erst Ende des vorigen Jahrhunderts in Westafrika entdeckt.

Die **Arabicabohne** ist neben Mokka das edelste, geschmacklich feinste an Kaffeebohnen. Dementsprechend ist auch der Marktanteil am Welthandel mit ¾ der Weltproduktion überhaupt. Die Arabica wird auch **rein**, also ungemischt, und in Spitzenqualitäten angeboten. Die Feinheit dieser Sorte kommt nicht von ungefähr. Sie ist die älteste und bekannteste wild wachsende Pflanze von Äthiopiens Hochland in ca. 900-1900 m über dem Meer. Sie gedeiht nur im tropischen Klima mit regelmäßigem Niederschlag. Die Höhenlage ist wichtig, muss aber unter der Frostgrenze bleiben, da die Arabica gegen Kälte sehr empfindlich ist und bei Minustemperaturen nicht nur die Früchte, sondern auch die Sträucher in Mitleidenschaft gezogen werden können. Für die Qualität ist die Höhenlage mit niederen Temperaturen von 19-25° ausschlaggebend, denn je länger die Reifezeit, je besser die Bohnenqualität. Unentwegte Pflege ist unentbehrlich.

Die anspruchsvolle und aufwändige Aufbereitung der Arabicabohne: (Zur Information, wenn Sie an Kaffeepreise denken.) Im Gegensatz zur Robustabohne wird die Arabica ihrer Qualität entsprechend viel sorgfältiger aufbereitet. Bei der Ernte durch das Handpflücken findet schon eine erste Vorlese statt, da nur reife Früchte im Korb landen. Die 2. Prüfung findet bei der Ablieferung statt. Die guten Kaffeekirschen sinken beim anschließenden Wasserbad auf den Boden, die schlechten schwimmen oben, ähnlich wie beim Waschen von Preiselbeeren. Es handelt sich um die **nasse** Aufbereitung. Die handverlesenen Kirschen landen dann in einem "Pulper" um das Fruchtfleisch zu entfernen und 1 bis 1½ Tage zum Gären in einen Tank. Dann werden sie in Schwemmkanälen mit Wasser gereinigt, anschließend luft- und sonnengetrocknet. Vor dem Versand nochmals getrocknet. In 60 kg schweren Säcken werden sie in alle Welt verschifft. Die Arabica hat einen geringen Koffeingehalt von 0,8-1,3%.

Die **Robustabohne** ist, wie bereits erwähnt, weniger empfindlich als die Arabica. Sie wächst in weit niedrigeren Lagen von Meereshöhe bis 600 m über dem Meeresspiegel. Sie ist schnellwüchsiger, schneller reif, wesentlich widerstandsfähiger und in der Aufbereitung bei weitem nicht so aufwändig, da die alte Trockenaufbereitung angewandt wird. Damit wird natürlich die Produktion billiger.

Bei der Trockenaufbereitung werden die nicht immer handgepflückten Kaffeekirschen auf großen Betonflächen ausgebreitet, von Sonne und Wind getrocknet - wobei immer gewendet wird. Der Prozess dauert so lange, bis die Hüllen der Kirschen abfallen und die Bohnen leicht ausgelöst werden können. Anschließend werden sie gewaschen. Bei großen Ernten wird auch maschinell getrocknet.

Trotz dem hohen Ertragsaufkommen liegt der Marktanteil nur bei ca. 25-30%. Die Robustabohne wird nur in Mischungen verwendet und bei Instantprodukten. Der Koffeingehalt liegt höher als bei der Arabicabohne. Nämlich 2,0-2,4%. Mischungen mit Arabicabohnen, wobei der Robusta-Anteil sehr gering ist, sind oft ganz reizvoll und preisgünstiger.

Die Perlbohne

Ähnlich wie bei echten Perlen nimmt auch die Kaffee-Perlbohne eine Sonderstellung ein.
Perlbohnen sind eine Besonderheit in der Natur.

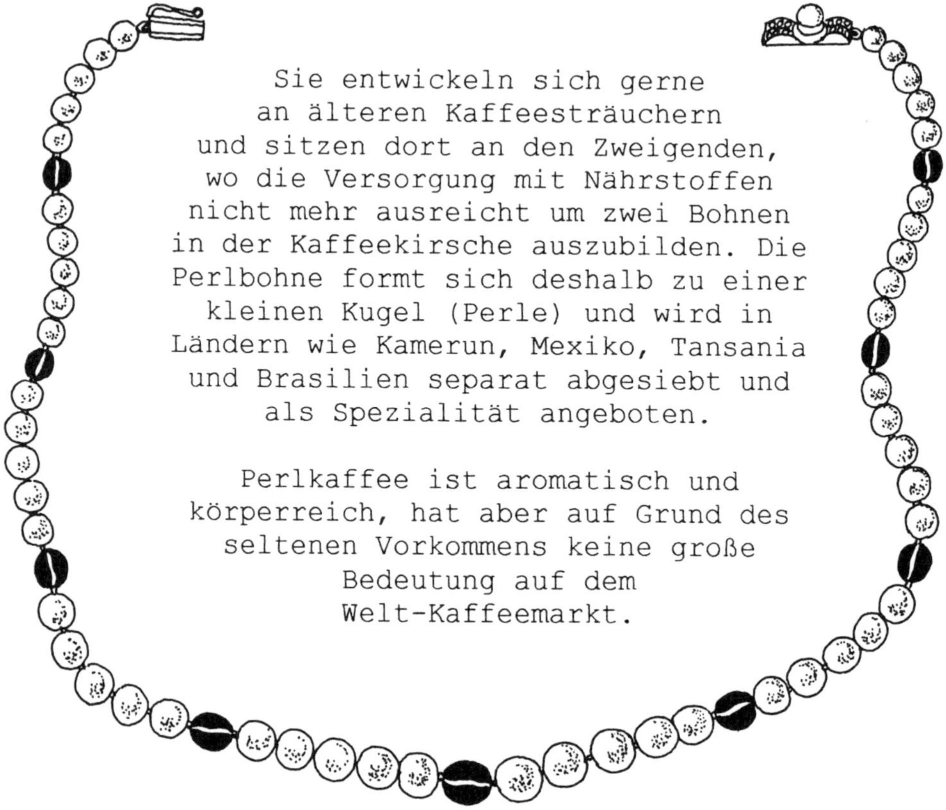

Sie entwickeln sich gerne an älteren Kaffeesträuchern und sitzen dort an den Zweigenden, wo die Versorgung mit Nährstoffen nicht mehr ausreicht um zwei Bohnen in der Kaffeekirsche auszubilden. Die Perlbohne formt sich deshalb zu einer kleinen Kugel (Perle) und wird in Ländern wie Kamerun, Mexiko, Tansania und Brasilien separat abgesiebt und als Spezialität angeboten.

Perlkaffee ist aromatisch und körperreich, hat aber auf Grund des seltenen Vorkommens keine große Bedeutung auf dem Welt-Kaffeemarkt.

(v. Kaffee-Spezialist Rudolf Krapf)

Mokka

bei diesem Wort beginnt schon eine gedankliche Reise in den Orient. Man träumt von Märchen, von Kalifen, von 1000 und einer Nacht, von wunderschönen Frauen mit Schleiern und Seidenhosen, von eleganten Männern mit Turban und in kostbarer Kleidung, von Kaffeehäusern, die unsere Cafés in Größe weit übertreffen und von einem unvergleichbar duftenden Mokka der von jungen Mohren in Gläsern oder kleinen, feinen Mokkatassen angeboten wird.

Manche glauben, ein sehr starker Kaffee wäre dadurch auch ein Mokka. Dies ist ein Irrtum. Der echte Mokka stammt aus dem Hinterland der berühmten Hafenstadt Mokka, Mocha oder auch Mucha genannt, von der aus die ersten Kaffeeverschiffungen stattfanden. Diese Mokkabohnen sind rundlich, klein und werden in den Verbraucherländern dunkel geröstet zu einem außerordentlich köstlichen Aroma. Leider reichen die Ernteerträge für die große Nachfrage nicht aus und so dürfen Äthiopiens erlesene Arabica-Hochlandgewächse von bester Bohnenqualität auch unter dem Namen "Mokka" angeboten werden. Die Zubereitung entspricht der des Arabischen und Türkischen Kaffees, mit pulverfeinem Mahlgrad ist auch eine andere Zubereitungsart möglich, wichtig ist die **doppelte** Menge Kaffeemehl zu verwenden und in gut vorgewärmten Mokkatassen zu servieren. Der Espresso hat den Mokka stark verdrängt, bedingt durch die vielen Espresso- und Kaffeemaschinen und den allgemein höheren Kaffeekonsum.

Wer aber etwas besonders Feines möchte, wird dem Mokka treu bleiben.

Entkoffeinierter Kaffee
Schonkaffee

Manche Menschen haben Angst vor der anregenden Wirkung des im Kaffee enthaltenen Koffeins. Vor allem gehen sie davon aus, dass der Konsum von Normalkaffee am späteren Nachmittag die Nachtruhe sehr empfindlich stören würde und klagen schon vorher: "Jetzt Kaffee, da kann ich nicht schlafen."

Dem kann nun mit dem technischen Fortschritt Abhilfe geschaffen werden. Normaler Kaffee hat im Schnitt 1,3% Koffein. Man kann heute von Reizstoffen befreien und entkoffeinieren, ohne dass Aroma und Geschmack verloren gehen. Beim Einkauf hat man zwei Möglichkeiten, den Kaffee zu wählen, der dem persönlichen Bedarf entspricht. Nämlich:

1. **Zwar koffeinhaltige**, aber **reizstoffarme** Sorten für magen- galle und leberempfindliche Personen, die in den vollen Genuss "ohne Reue" kommen mit diesen Sorten von Schonkaffees.

2. Bei der anderen Möglichkeit haben Sie einen **entkoffeinierten** und auch **reizstoffarmen** Kaffee. Das enthaltene Koffein bei teuren Arabica-Kaffeebohnen bester Qualität beträgt 1 - 1,3% Koffein, bei Robustakaffeebohnen liegt der Koffeingehalt höher nämlich über 2%.

Damit die Verbraucher nicht auf guten Kaffee verzichten müssen, gibt es auch den **entkoffeinierten Kaffee**. Das in den rohen, grünen Kaffeebohnen enthaltene Koffein wird durch ein spezielles Verfahren, in dem Wasser, organische Lösungsmittel oder Kohlensäure eingesetzt werden, zu 97% von Koffein weitgehend befreit. Anschließend wird dieser Rohkaffee gedämpft, getrocknet und geröstet. Die gesetzliche Grenze für entkoffeinierten Kaffee liegt bei 0,1%. Beim Espresso wird durch die kurze Zubereitung weniger Koffein herausgepresst als bei anderen Methoden. Entkoffeinierten Kaffee können Sie für alle Zubereitungsarten verwenden.

Übrigens haben 30 Tassen von entkoffeiniertem Kaffee erst den Koffeingehalt von 1 Tasse Normalkaffee.

Diese aufgezählten Kaffeesorten haben nichts zu tun mit den unbehandelten naturmilden Sorten.

Rösten

Beim Rösten muss ein Künstler am Werk sein. Bei dieser überaus diffizilen Arbeit darf nichts schieflaufen. Es ist ein Wunder was er aus den graugrünen Bohnen an Duft und Aroma herausholt. Beim Rösten entwickeln sich nämlich erst die Ätherischen Öle, die wesentlich zu diesem typischen Kaffee-Aroma beitragen. Die Bohnen verlieren an Feuchtigkeit, blähen sich auf und werden dadurch größer. Er trägt die Verantwortung, dass innerhalb von 1 - 2 Min., früher in bis 5 Min., alles genau stimmt, Farbe für jede Sorte ganz speziell angepasst! Nur mit einem großen Fingerspitzengefühl wird der Erfolg oder Misserfolg entschieden. Nur die Erfahrung kann dem Röster sagen, wann die Bohnen abgekühlt werden müssen. Selbst bei den heutigen computergesteuerten Rösttrommeln, bei denen die Röstzeit nur 1 Min. beträgt, ist der Röster nicht von der Verantwortung befreit. Außerdem ist die Frage noch offen, ob mit der neuen Technik auch die Qualität verbessert wird.

Dem Röster obliegt auch das Mischen verschiedener Sorten, die beständig die gleiche Qualität haben sollen oder müssen, obwohl von der Ernte unterschiedliche Qualitäten je nach Jahrgang angeliefert werden. Um einen geschmacklichen Einklang zu finden, werden manchmal bis zu 9 verschiedene Sorten gemischt. So z.B. Arabica aus verschiedenen Plantagen in verschiedenen Ländern. Es bleibt aber ein Arabica.

Und dann wird für den Einkäufer ein sogenannter Kaffee-Tester prüfen - probieren und auswählen. Die "Ausbildung" zum Tester beträgt 5 - 6 Jahre, man muss dazu viel Liebe zum Kaffee, fundiertes Fachwissen, eine gute Nase und eine feine Zunge mitbringen, um die Sicherheit zu haben, die richtige Entscheidung zu treffen. Spitzen-Kaffee ist einfach nur mit Spitzenleuten zu erreichen.

Wenn Sie selbst einmal das Rösten probieren wollen, empfiehlt sich eine Pfanne mit Deckel und Ventil (Glasdeckel zum Beobachten ist praktisch.) Diese muss mit den Bohnen auf hoher Hitze ständig gerüttelt werden bis zu einer schönen Kaffee-Farbe. Wenn Sie schon geübter sind, können Sie auch mal dunkler rösten, für Espresso. Achtung nicht verbrennen! Sofort nach der Röstung abkühlen, aus der Pfanne auf kühle Unterlage geben und möglichst mit Föhn kühlen, leichten Stoff oder großes Sieb darüber legen, sonst springen die Bohnen davon! Wenn Sie einen Wok besitzen, dieser ist zum Rütteln ideal!

"**N**ehmt die Frucht vom Kaffeebaume,
Aber grünlich lasst sie sein.
In des Bleches hohlem Raume
Schließt die Wunderkörner ein.

Macht Feuer drum,
Dreht die Welle um

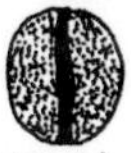

Dass der Kaffee sich im Kreise
Färbe nach der rechten Weise.

M. Gottfried Günter Röller

Sollten Sie Freude am Selbermahlen haben

greifen Sie zu den alten Modellen, die in 500 Jahren nicht verändert werden mußten. Nicht zu empfehlen sind kleine Elektromühlen billiger Bauart, die beim Mahlen heißlaufen, was den Bohnen in keiner Weise zuträglich ist. In großen Profimühlen ist deshalb ein Kaltluftgebläse eingebaut um diesem Übel Einhalt zu gebieten.

Heiß geröstet kalt gemahlen!

Wenn Sie Ihre frischgerösteten Kaffeebohnen in Ihre Kasten- oder Mokkamühle einfüllen laufen Sie jedenfalls nicht Gefahr, dass das Mahlgut heiß wird. Auch die Wandkaffeemühle konnte die Kasten- und Mokkamühlen nicht verdrängen. Bei denen Sie den Mahlgrad auch einstellen können.

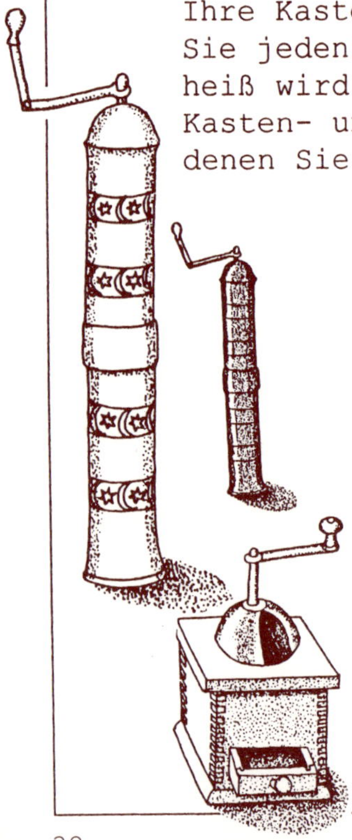

Das **Selbermahlen** hat auch einen Entspannungseffekt, der viele Frauen oder auch Männer animiert dabei zu meditieren oder gemütlich mit anderen zu plaudern und sich auf einen besonderen Kaffeegenuß zu freuen.

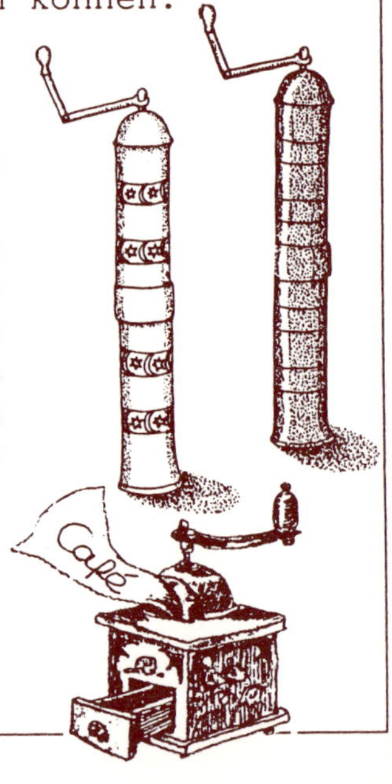

Mahlen Sie nur soviel Bohnen wie Sie benötigen und verbrauchen Sie das Kaffeemehl sofort, sonst verliert es an Aroma. In Verbindung mit Sauerstoff tendiert das Kaffeemehl zum Ranzigwerden, darum keine Reste in der Mühle belassen.

Lieber "opfern" Sie auch einen kleineren Rest Kaffeemehl überbrüht und erkaltet in kleinen Mengen für Ihre Pflanzen. Einfach auf die Erde streuen.

Mary Ellen hat es in ihrem Buch: "Geranien und Kaffeesatz" empfohlen und ich schließe mich der Empfehlung an.

Instant-Kaffee

Die Herstellung von löslichem Kaffee ist der Überproduktion von Brasiliens Kaffee in den 30er Jahren zu verdanken. Um erneute Katastrophen zu verhindern, wurde nach einer Haltbarmachung als Vorsorge für magere Erträge, aber auch Möglichkeiten für den Export gesucht. Ein Engländer namens G. Washington entwickelte eine Produktion von Pulverkaffee und hatte als guter Geschäftsmann das Monopol immerhin bis 1910 inne.

Dann spielte die **SCHWEIZ** eine entscheidende Rolle. 1938 übernahm ein schweizerischer Nahrungsmittelhersteller ein neues Verfahren von anderer verbesserter Qualität. Die ständig neuen Produkte sorgten für eine große Verbreitung und Belebung des Weltmarktes. Immerhin werden über 15 Millionen Sack Kaffee zu löslichem Kaffee verarbeitet, das sind über 190 Milliarden Tassen im Jahr. Tendenz steigend.

Spitzenreiter im Verbrauch von Instant-Kaffee ist Großbritannien mit 90%. Australien und Südafrika kommen sogar über 90%. Manchmal ist eine Richtigstellung von etwaigen Unklarheiten zu beseitigen:

LÖSLICHER KAFFEE, AUCH ALS KAFFEE-EXTRAKT ODER INSTANT-KAFFEE bezeichnet, besteht zu 100% aus RÖSTKAFFEE! Er enthält keine anderen Stoffe und unterliegt dem REINHEITSGEBOT.

(lt. Deutschem Kaffeeverband)

Es gibt 2 Herstellungsarten von löslichem Kaffee: Das Sprühverfahren, dann die Gefriertrocknung, die vor allem für die edleren Sortenmischungen angewendet wird. Das Bestreben einer ständigen Aromaverbesserung zeigt gute Erfolge, was die steigende Abnahme bestätigt.

Außerdem hat sich das Angebot erweitert und umfasst Espresso, Cappuccino, Eiskaffee, Café au lait und Kaffee mit neuen Geschmacksrichtungen. Selbst türkischer Mokka ist im Angebot von Instant-Kaffee erhältlich.

Instant-Kaffee bietet dem Verbraucher große Vorteile. Er ist superschnell bereitet, was sich für Berufstätige nicht nur zum Frühstück, sondern auch für Zwischenpausen als außerordentlich praktisch erweist.
Nicht nur als Getränk hat sich der Instant-Kaffee durchgesetzt - für Drinks und andere Verbrauchsmöglichkeiten, wie für Desserts und zum Backen ist er ebenso einfach und schnell zu verarbeiten.

Da sich die Herstellung ständig verbessert, steigt der Verbrauch und damit der Umsatz. Nicht gemeint sind die neuen artfremden zusätzlichen Geschmacksrichtungen von aromatisiertem Instant-Kaffee, wie Vanille, Amaretto, Irish Cream, Haselnusscreme etc.
Für Liebhaber von entkoffeiniertem Kaffee in löslicher Form ist ebenfalls gesorgt.

Die Mengenangabe ist pro Tasse ca. 1,8 g ist 1 Kaffeemaß. Ohne Milch und Zucker ist Instant-Kaffee pur - kalorienfrei. Zur Aufbewahrung eines angebrochenen Glases gilt: in den Kühlschrank stellen. Als Vorrat eingefrieren. Verlängert das Verbrauchsdatum. Bei Gebrauch **sofort** verwendbar.

Das Wasser

Für das Gelingen einer guten Tasse Kaffee ist neben der ausgewählten Kaffeesorte die Verwendung des "richtigen" Wassers nötig.

Die Wasserqualität ist je nach geografischer und geologischer Lage sehr unterschiedlich. Ein mitentscheidender Faktor ist die Härte des Wassers. Die Maßeinheit hierfür ist °dH (= Grad deutscher Härte). Erkundigen Sie sich beim zuständigen Wasserwerk.

Es gibt 4 Härtebereiche:

Härtebereich 1> 0 - 7°dH > weich
Härtebereich 2> 8 - 14°dh > mittelhart
Härtebereich 3> 15 - 20°dH > hart
Härtebereich 4> ab 21°dH > sehr hart

Ab 12°dH ist es durchaus sinnvoll das Wasser zu enthärten. Die Anschaffung einer Umkehr-Osmose-Filteranlage wäre zu empfehlen, da mit dieser Technologie auch andere unerwünschte Stoffe, wie z.B. Nitrate sowie Schwermetalle, Pestizide etc. herausgefiltert werden.

Chlor im Wasser beeinträchtigt ebenfalls massiv den Geschmack von einem guten Kaffee, auch hier ist ein gutes Wasserfiltersystem hilfreich.
In Gegenden mit Quellwassereinzug können Sie dieses ohne Bedenken verwenden.
Wenn Sie Flaschenwasser für die Kaffeezubereitung verwenden, achten Sie darauf, dass Sie möglichst "stilles Wasser" benutzen, das einen sehr geringen Mineralisierungsgrad hat.

Reichen Sie Ihren Gästen doch ein Glas Wasser zum Kaffee! Die Tradition der Wiener Kaffeehäuser, ein Glas Wasser zum Kaffee zu reichen, ist durchaus sinnvoll, da der Kaffee dem Körper Wasser entzieht.

Das Wasser ist als guter Informationsträger bekannt und birgt einige Geheimnisse. Ein Phänomen ist z.B. auch das unterschiedliche Kochverhalten des Wassers. In höheren Lagen kocht das Wasser schneller als in Regionen auf Meeresspiegelhöhe.

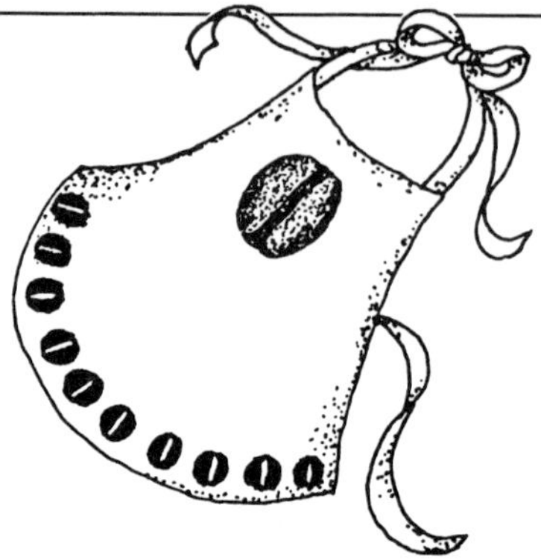

Kapitel Reinigung

gilt für alle Zubereitungsarten, darum erscheint sie gleich hier.

Alle Geräte, die mit Kaffee in Berührung kommen, sei es die Kaffeemaschine, die kleine Espressokanne, der Filter, die Kaffeesiebe, das Porzellangeschirr - also: Kaffeekanne, Tassen, auch Milchkännchen und Löffel. Vorratsdosen oder - gläser. Kurz gesagt, alles was mit Kaffeebohnen, gemahlenem Kaffee in Berührung kommt, ist nicht nur sauber, sondern picco bello "rein", also noch

mehr als sauber zu halten.

Kaffeebohnen enthalten nämlich Öle, die auf Sauerstoff reagieren und zum Ranzigwerden tendieren und diesen Geschmack weitergeben. Lassen Sie deshalb kein Kaffeemehl in der Maschine. Beim Wasserbehälter der Maschine ist es ähnlich, leeren Sie das noch übrige Wasser aus, spülen Sie den Behälter kurz durch und trocknen Sie ihn aus, denn sonst kann sich Kalk ansetzen. Hin und wieder ist eine kurze Durchspülung mit heißem Essigwasser sehr empfehlenswert, damit Sie lange Freude an Ihrer Maschine und gutem Kaffee haben. Zuweilen sind die Gebrauchsanweisungen nämlich sehr unvollkommen. Vergessen Sie den Wasserkessel nicht, denn Kalkablagerungen beeinträchtigen den Geschmack.

Siehe hierzu Kapitel "Wasser"

Die optimale Zubereitung beginnt schon beim

Einkauf

Bevorzugen Sie deshalb ein ausgesprochenes Fachgeschäft, das Ihnen alle Vorzüge bietet.
Das ist zunächst die individuelle Beratung, dann die Gewissheit, dass die Kaffeebohnen frisch geröstet sind und genau nach Ihren Angaben der Zubereitung dementsprechend gemahlen werden.
So wird **super-** oder **pulverfein** eingestellt für den orientalischen, arabischen oder türkischen Kaffee und Mokka. Anders beim **Filterkaffee**, hier darf nur **sehr fein** gemahlen werden. Das Wasser steht länger auf dem Kaffeemehl und bei feinerer Mahlung würde es noch länger zum Durchlaufen brauchen und dabei die Bitterstoffe lösen. Das gleiche gilt für **Espresso**, der bei zu fein gemahlen das Sieb oder bei der kleinen Espresso-Kanne oder -Maschine den Siebträger verstopfen kann. Mit **mittelfein** liegen Sie auch richtig, wenn Sie andere Kleinmaschinen haben. Befragen Sie ggf. Ihren Kaffee-Experten.

Noch eine Empfehlung:
Achten Sie beim Kauf, dass die Bohnen aus geschlossenen Behältern entnommen werden.

Welche Kaffeezubereitung Sie auch wählen - machen Sie jedenfalls keinen so genannten "Bliemschen Gofee", den sächsischen „Blümchenkaffee", der so dünn war, dass man die Blümchen auf dem Grund der Meißner-Porzellantasse sehen konnte.

Über Kaffee, das damals neue Getränk wurde in vielen Ländern die Herstellungsart nicht gerade rühmlich kritisiert und verspottet. Eine lustige Geschichte gibt es von dem Amerikaner Mark Twain, der den schlechten Kaffee gleich über das ganze Deutsche Reich ausdehnte, wenn er schrieb:

"Man nehme ein Fass voll Wasser und bringe es zum Kochen; reibe ein Stück Zichorie an einer Kaffeebohne und befördere dann ersteres in das Wasser. Man setze das Kochen und Verdampfen fort, bis die Stärke des Geschmacks und des Aromas von Kaffee und Zichorie auf das richtige Maß verringert worden sind; dann stelle man es zum Abkühlen ab. Nun spanne man die Überreste einer ehemaligen Kuh vom Pfluge ab, stecke sie in eine hydraulische Presse, und wenn man einen Teelöffel voll jenes blaßblauen Saftes gewonnen hat, den ein deutscher Aberglauben als Milch betrachtet, mildere man die schädliche Wirkung, die ihm dessen hohe Konzentration verleiht, durch einen Eimer voll kalten Wassers und läute zum Frühstück. Man mische das Getränk in einer kalten Tasse, nehme es mit Mäßigung zu sich und lege einen feuchten Lappen um den Kopf, um sich vor Überregtheit zu schützen."

Kaffeegetränke

Kaffeegetränke

Aufgebrühter Kaffee

Kaffee im Orient

Türkischer Kaffee

Arabischer Kaffee

Kaffee in der Press-Stempel-Kanne

Filterkaffee

Schümli

Teufels-Trank

Pharisäer

Cappuccino

Macchiato

Kaffee Cointreau

Caffè corretto

Mokka-Shake, Mokka Flipp

Mokka Mix, Mokka Fizz

Kaffee Karten mit vielen Kaffee-Titeln

Mark Twain müsste heute seine Beschreibung des deutschen Kaffees stark korrigieren. Denn: Aus den sparsamen Kaffeetrinkern von damals sind überaus verwöhnte und anspruchsvolle Kaffeefans geworden. Nach dem größten Kaffeeverbraucherland **Amerika** steht gleich an zweiter Stelle die Bundesrepublik Deutschland beim Import. Wovon dann 4% verarbeitet wieder exportiert werden. Durch die ehemaligen Kolonien vor dem 1. Weltkrieg war dadurch Deutschland schon einmal Kaffee-Exportland. Die Kaffeefans heute sorgen für einen steigenden Verbrauch von Kaffee. Auch durch die Auslandsreisen in Ferienländer wie Italien sind zu uns viele Verarbeitungsarten von Kaffee und Kaffee-Rezepte "eingewandert", die Sie in diesem Buch finden und ausprobieren können. Nicht zu vergessen, spielen auch die Kaffeemaschinen für Büro, sowie die Großanzahl von Espressomaschinen heute in Privathaushalten eine wichtige Rolle für den Verbrauch.

Zeichenerklärung

kg = Kilogramm
g = Gramm (10 g = 1 deka)
l = Liter = (100 dcl)
° = Wärmegrad
Min. = Minute
Std. = Stunde
cm = Zentimeter
mm = Millimeter
Ø = Durchmesser

EL = Esslöffel gestrichen voll
TL = Teelöffel gestrichen voll
Msp = 1 Messerspitze = 1/4 TL
1 Prise ist gerade so viel, wie man mit 2 Fingern hält.
ggf. = wenn nötig

Nachdem die Backherde trotz Thermostaten oft unterschiedliche Leistungen aufweisen, empfiehlt sich die Anschaffung eines Backthermometers, das **in** den Backherd eingestellt wird.

Als kleine Küchenhilfe,wenn es um das Abmessen geht:

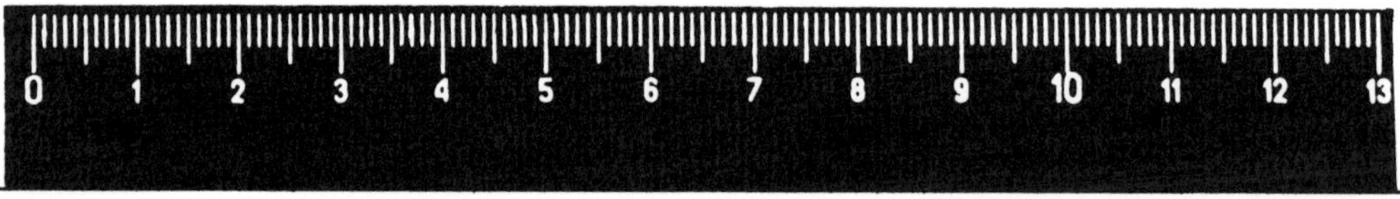

Das Aufbrühen

Seit 1711 wird diese Methode immer noch angewandt. Am besten stellen Sie eine Porzellankanne mit sehr heißem Wasser zur Seite. Eine zweite Kanne oder auch einen Topf wärmen Sie mit heißem Wasser auf. Gießen Sie nach gründlicher Erwärmung ab und füllen Sie pro Person

1-1 ½ EL	**grob** gemahlenen Kaffee hinein, **grob gemahlene** Bohne nach Ihrer Wahl muss es sein, da das Wasser länger auf dem Kaffeemehl steht. Fügen Sie
1 kl. Prise Salz	bei und übergießen Sie mit 95° heißem Wasser den Kaffee. Umrühren und sogleich zudecken, damit das Aroma nicht entweichen kann. Nun wäre eine Kaffeemütze gut um die Hitze zu erhalten. Nach 4-5 Min. können Sie den Kaffee (bitte nicht mehr umrühren!) mit 1 EL Wasser besprenkeln, damit der Kaffeesatz auf dem Boden bleibt. Jetzt durch ein ganz feines Haarsieb in die **vorgewärmte** Kaffeekanne gießen und genießen. Zum Aufbrühen zählen auch der Filterkaffee und die Pressstempel-Kannen.

Filterkaffee

Filterkaffee ist beim Thema Kaffeezubereitung einfach nicht wegzudenken. Bis heute sind die Fans dieser Methode treu geblieben, trotz Kaffee- und Espressomaschinen, in denen ja die gleiche Idee des Aufbrühens steckt.

Aus einem primitiven Sieb hatte, wie sollte es auch anders sein - eine tüchtige Hausfrau dieses so verbessert, dass ihr Prinzip bis heute nicht verändert werden mußte.
Ihre Idee mit dem ausgeklügeltem Spitzfilter aus Papier, der eingelegt wird, hat sie schon die perfekte Zubereitung eingeschlossen.
Diese Frau, Melitta Bentz wurde und ist weltweit bekannt geworden und erfolgreich bis heute geblieben.
Wer diese einfache Zubereitung beherrscht, hat immer zufriedene Gäste. Die Riesenauswahl sämtlicher Kaffeesorten kann genutzt werden und mit dem richtigen Mahlgrad machen Sie einen wirklich guten Kaffee. Den Mahlgrad nicht zu fein wählen, das Kaffeemehl würde zusammenklumpen und verstopfen und das Wasser zulange brauchen und dadurch den Kaffee bitter machen.
Ihr Kaffeegeschäft stellt Ihnen den richtigen Mahlgrad individuell ein.

Die Zubereitung von Filterkaffee

Mit der richtigen Reihenfolge ist alles ganz einfach:

1. Milch oder Sahne aus dem Kühlschrank nehmen, denn diese sollten nicht kalt sein. Zimmertemperatur wäre gut.

2. Lassen Sie das Wasser einige Zeit aus dem Wasserhahn laufen, damit Sie für die Zubereitung **frisches** und nicht abgestandenes Wasser zur Verfügung haben. Dies ist vor allem für den Frühstückskaffee wichtig wenn noch kein Wasser entnommen wurde.

3. Kanne und Tassen warmstellen. Kanne ggf. mit heißem Wasser füllen. Bei Gebrauch dann leeren und in ein heißes Wasserbad stellen, oder eine ummantelte Kaffeekanne oder Thermoskanne auch heiß ausgespült, bereitstellen.

4. Ausgespülten heißen Porzellanfilter auf die heiße Kanne stellen, Filterpapier einlegen und kochendes Wasser durch das Papier laufen lassen, weggießen. Das portionierte Kaffeemehl einfüllen.
Pro Tasse 1-2 TL - 6-8 g oder 1-2 Kaffeemaß voll.

Wasserbedarf für Tassenanzahl abmessen + 1 mehr.

Nach Belieben kann

1 Prise Salz oder
1/2 TL Kakao auf das Kaffeemehl gestreut werden.

5. Nun wird aufgebrüht.

Bitte nur in der Mitte nicht außen! Erst nur soviel Wasser von 93°-95° Temperatur aufgießen, daß das Kaffeemehl bedeckt ist. Mit einem Unterteller abdecken. 1 Min. muß der Kaffee quellen, dann kommt der nächste Guß, nachdem dieser durchgelaufen ist, der Rest. Das Wasser muß immer die gleich heiße Temperatur haben. Wenn alles durchgelaufen ist, Filter entfernen und Kannendeckel daraufsetzen. Kaffeemehl nicht wegwerfen, tut ggf. Ihren Pflanzen gut.

Stellen Sie die Kaffeekanne nach dem Servieren zum warmhalten **nicht** auf eine Heizplatte oder ein Stövchen - sondern füllen Sie den Kaffee in eine vorgewärmte Thermoskanne, die es heute auch in schönen Formen gibt, Ihre Gäste werden begeistert sein, dass sie nicht den berühmten "Kalten Kaffee" bekommen.

Servieren Sie zum Kaffee, den Sie mit Liebe bereitet haben, keine Dosenmilch, sondern süße Sahne oder nach Wunsch Milch. Kenner verzichten meist auf Zucker oder Süßstoff.
Vergessen Sie nicht ein Glas frisches Wasser zum Kaffee zu servieren, es ist Ihrer Gesundheit zuträglich.

Den Kaffee sofort heiß servieren denn:

Heiß ist die Devise!

Kaffee muß sein:

Die Reihenfolge ist rein zufällig.

Die Press-Stempel-Kanne
Cafetière (franz.)

Wichtig bei dieser Zubereitung ist, dass die Glaskanne auf mindest 1/4 Std. mit **sehr heißem** Wasser vorgewärmt wird. Je nach Größe der Kanne und Personenanzahl wird in die leere, heiße Kanne das Kaffeemehl gegeben. Pro Tasse 1 gestrichenen EL Kaffee. Nach Belieben 1 Prise Salz oder Kakao beifügen und mit fast kochendem Wasser von 95° übergießen. Den Deckel mit Sieb darauflegen, aber noch nicht hinunterdrücken. Jetzt wäre Omas Kaffeewärmer praktisch! Denn nach 3-4 Minuten wird erst der Deckel mit Sieb hinuntergedrückt und der Kaffee **sofort** serviert. Stellen Sie nur soviel Kaffee her, dass er für 1 Runde reicht. Für Weitere ist er schnell bereitet. Eine einfache, schnelle und gute Methode, nachdem man die Kanne auch bei Tisch bedienen kann.

Kaffee-Gespräche

Ein gutes Gespräch bei einer Tasse Kaffee ist unabhängig von Alter, männlich oder weiblich, Hautfarbe und Nationalität, Hochschulbildung etc.....oder mit einfachen Leuten. Kaffee ist ein Elexier für alle interessierten, aufgeschlossenen, mitteilfähigen, sensiblen, hilfsbedürftigen, glücklichen und unglücklichen, fröhlichen, misstrauischen, versierten, gläubigen und ungläubigen, komplexbehafteten und ausgeglichenen, hilfsbereiten, kleinlichen und großzügigen, fleißigen und faulen, liebevollen und grantigen, introvertierten und positiven, erfolgreichen und vom Pech verfolgten, neidischen, verschwenderischen, bescheidenen, engstirnigen und wissensdurstigen, politisch interessierten und pazifistischen, aktiven, desinteressierten, genussfähigen, lebensuntüchtigen, verliebten, verkannten, angeberischen, guten, intellektuellen, boshaften, begabten, musischen, kunstversierten, unmusikalischen, genialen und erfinderischen, sportlichen, bequemen, naturliebenden, bedeutenden, wichtigen, bekannten, aufdringlichen, geliebten, betrogenen, gefeierten, verfolgten, gesunden und behinderten, habgierigen, aufopfernden, charismatischen und sympathischen, unsympathischen, bezaubernden und abstoßenden, exaltierten, herrschsüchtigen, exzentrischen, gescheiten, zufriedenen und ständig unzufriedenen, vorsichtigen, leichtsinnigen, gesundheitsbewussten, waghalsigen, schlanken, übergewichtigen, zerstreuten und gemütlichen Menschen.
Eines haben viele von ihnen:

Die Liebe zu Kaffee

Mit einem guten Gesprächspartner wird der gemeinsame Kaffeegenuss zu einer großen Bereicherung.

Der Espresso

Das Lieblingskind der Italiener! Sie nennen Espresso einfach Caffè. Für sie begann alles mit der kleinen Espressokanne aus Aluminium, die dann auch in den anderen europäischen Ländern begeistert aufgenommen wurde. Die Kanne hatte den Vorteil von klein und handlich zu sein und war und ist auch heute noch auf jeder Feuerstelle einsetzbar, was eine schnelle Zubereitung möglich macht. Zu beachten ist eine solide Qualität einzukaufen und zu billige Materialien zu meiden. Um einen guten Espresso herzustellen ist die Auswahl der Bohnen wichtig. Sie benötigen nämlich die **dunkelste** Röstung von Kaffeebohnen.

Fein gemahlen ist er für Espressomaschinen richtig. Die dunkle Röstung sorgt dafür, dass die Bohnen sehr fein gemahlen werden können. Achten Sie auf sehr "heiß", d.h. vorgewärmte Tassen, die kleiner als Mokkatassen sind und dickwandiger sein dürfen als für Mokka, sie halten die Hitze besser. Ohne Milch und Zucker ist Espresso faktisch kalorienfrei. Durch die Schnellpressung ist diese Zubereitungsart sehr bekömmlich. Auf der Kaffeekarte in diesem Buch finden Sie alle Möglichkeiten auf der Basis von Espresso, der auch weniger Koffein enthält als andere Zubereitungsarten von Kaffee.

Heute sind die Ansprüche gestiegen, man kennt von Reisen her den echten Espresso mit dem intensiven, kräftigen Geschmack. Diese Spitzenqualität von Espresso mit der berühmten "Crema" als Häubchen, ist natürlich nur herstellbar in einer, wenn auch nur ganz kleinen Elektromaschine möglich. Denn den benötigten Druck von 8 - 12 bar kann die "Kleine Kanne" nicht schaffen. Wissen Sie mit wieviel bar Ihr Autoreifen aufgepumpt wird? - Ja, genau, mit 1,8 - 2,5 bar!
Bei Benutzung der Espressokanne achten Sie ganz besonders auf die Reinigung. Bei Espressomaschinen empfiehlt sich spätestens nach ca. 50 Aufgüssen die Maschine zu entkalken, da der Kaffee sehr sensibel auf Fremdstoffe reagiert. Siehe auch Kapitel Reinigung und Wasser.

Cappuccino

ein sehr beliebtes Getränk für zwischendurch, für die Kaffeepause oder auch bereits als Frühstücksgetränk. Nachmittags ist er auch zum Favoriten aufgestiegen. Nachdem er gehaltvoller als Espresso ist, deshalb **nicht** geeignet vor oder nach dem Essen!
Empfohlene Machart vom Spezialisten: In eine feste, breitere, vorgewärmte Tasse (200 ml fassend) 2 Espressi einfüllen, **darauf** bereits abschließend eine Schicht schwach entölten Kakao sieben, bis 80 ml **beliebige** Milch nicht wärmer als 65° mit der Dampfdüse der Espressomaschine zu einem feinporigen Schaum wie Sahne schlagen und dann auf den Espresso platzieren. Die Milchqualität beeinflusst den Schaum nicht. Der Eiweißgehalt ist wichtig. Die oft empfohlene H-Milch ist für Gourmets nicht zu empfehlen.
Die andere **Variante**, der **Cappuccino con panne**, der mit Schlagsahne bereitet wird.

Latte macchiato

(gefleckte Kuh)

ist wie Cappuccino nur für zwischendurch oder Frühstück geeignet. 65° warme Milch langsam in ein hohes 250 ml fassendes, festes Glas gießen. 1 heißen Espresso aus ca. 20 cm Höhe einfließen lassen. Das Glas zeigt die Flecken der Kuh. Nicht umrühren. Keinen Strohhalm!
Nicht verwechseln mit **Café au lait**, der mit starkem Filterkaffee bereitet wird, ebenso wie **Milchkaffee**, bei beiden wird heißer Kaffee und heiße Milch **zusammen** in große Tassen gegossen, was keine "Flecken" erzeugt.

Kaffee Cointreau

1 Tasse	schwarzen Kaffee
1/2 TL Zucker	
1 Msp. Bio Orangen-schale	feinstgerieben, unter-rühren und
1 TL Cointreau	darübersprenkeln. Nehmen Sie nicht mehr Zutaten, es würde den Kaffeegeschmack zu sehr verfälschen.

Caffè corretto

Ital. Rezept
v. Tomasina

1 Tasse,	
2 Espresso	oder
sehr starken Kaffee	herstellen,
1 EL Grappa	(im Tessin besonders beliebt) oder
1 TL Cognac	einrühren.

Im Orient

vor allem in der Türkei und Arabien war man schon sehr früh außergewöhnlich geschickt, wenn es darum ging, Hilfsmittel für die Bereitung von Kaffee herzustellen.

Das begann, dass man in einer langstieligen Metall-Kelle, gleich einem heutigen Suppenschöpfer, die grünen Bohnen über dem Feuer rösten konnte. In einem Messing-Mörser, (gibt es heute noch auch bei uns) wurden mittels eines Stößels die gebrannten Bohnen zerkleinert. Viele schwören heute noch, dass die Bohnen mit dieser Methode hergestellt, ein unvergleichbar besseres Ergebnis mit mehr Aroma erreichen.

Die Orientalische Kaffeekanne steckt voller genialer Ideen. So wurde z.B. der Schnabel mit einem Kräuterbüschel verstopft, was zum einen die Funktion eines Siebes übernahm, zum zweiten dem Kaffee eine besondere Geschmacksnote verlieh und drittens der Deckel der Kanne dafür sorgte, dass das Aroma nicht entweichen konnte.
Eine andere Zubereitung war die im Ibrik oder Jezwe, wie in folgenden Rezepten beschrieben.
Man kann nur staunen wie eine kleine Kaffeebohne die Menschen so inspirieren konnte. Als Trinkgefäße waren zunächst kleine, henkellose Schälchen üblich, die in einem extra hohen Behälter aufgestapelt, man staune, **vorgewärmt** wurden! Kaffeekultur pur!
Es gab und gibt auch heute noch kleine Gläser für das edle Getränk aber es war ein langer, weiter Weg bis der "Mocha, Kahwa" etc. in feinen, dünnen, sehr kleinen Mokkatässchen die vornehme Gesellschaft, auch in Schlössern in Europa erreicht hat.

Türkischer Kaffee

gibt es in verschiedenen Variationen, wenn auch die Unterschiede nur klein sind. So wird oft an alten Familientraditionen festgehalten. In einem Kaffeehaus können sich die türkischen Gäste das Getränk nach ihren besonderen Wünschen und Vorstellungen bestellen.
Als Grundempfehlung für zu Hause gilt:
Man benötigt ein langstieliges Kännchen, hier "jezve" genannt, im Gegensatz zum "Ibrik" für den arabischen Kahva. Der lange Stiel wurde ursprünglich so praktisch konzipiert für die Herstellung am offenen Feuer, damit man sich die Hand nicht verbrennt!
Die Kochstelle am offenen Feuer können wir nicht so leicht nachvollziehen, dafür erweist sich der lange Stiel aber ebenso praktisch bei der Benutzung von Gasherden und Ceranplatten, da man die Kännchen beim Aufschäumen schnell wegziehen kann.
Nachdem sich die Herstellung für ein einziges Mokkatässchen kaum rentiert, hier ein Rezept für 3-4 Tassen.
Pro Person:

1 Mokkatasse — ganz frisches Wasser in den jezve einfüllen, nach Belieben

1 TL Zucker — darin auflösen, dann erst

1 EL türkischen Kaffee — frisch geröstet und pulverfein gemahlen hineingeben, erhitzen und nur an der Oberfläche rühren bis der Kaffee schäumt, diesen in die vorgewärmten Tassen aufteilen. Die entnommene Wassermenge wieder ersetzen, kurz vor dem Aufkochen auf alle Tassen verteilen und nach Belieben mit frisch gemahlenem Kardamom bestreuen und sehr heiß servieren. Etwas warten bis sich der Satz gesetzt hat. Kann mit etwas Zucker sehr fein sein.

Kahwa = Kaffee

Bei einem Besuch im Orient eröffnet Kaffee in einer kleinen Mokkatasse das Mahl und beschließt es auch mit einer solchen, denn ohne dieses "Dessert" wäre kein Mahl beendet.

Hier ein Rezept aus erster Hand von Maria Fadel aus Damaskus.
(Mit Genehmigung des Sanssouci Verlages in Nagel & Kimche AG Zürich)

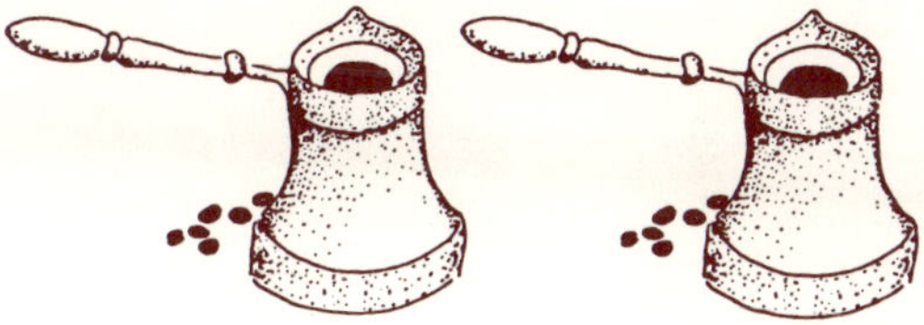

Arabischer Kaffee

pro Tasse (Mokkatasse)
1 gut gehäufter TL sehr fein gemahlener arabischer Kaffee (ersatzweise auch italienischer Espresso)
1 TL Zucker oder etwas weniger
1 kleine Msp. frisch gemahlener Kardamom
etwas mehr als eine Espressotasse voll Wasser.

Wasser in einem Stielkännchen, in einem Ibrik zum Kochen bringen, von der Kochplatte oder dem Feuer nehmen, eine Tasse davon abnehmen und zur Seite stellen, Kaffee,Zucker und den Kardamom in den Ibrik geben und auf dem Herd vorsichtig unter ständigem Rühren zum Kochen bringen(schäumt stark). Sobald die Mischung dreimal geschäumt hat, kurz von der Kochplatte nehmen und die zurückgestellte Tasse Wasser wieder dazugeben. Noch einmal zum Kochen bringen. Beiseite stellen, die Kanne eine Minute mit einer kleinen Untertasse zudecken, dann servieren.

Arabischer Kaffee wird weder mit Milch noch mit Sahne serviert.

Kaffee und Porzellan

Nicht nur, dass Kaffee und Porzellan in einer Epoche zusammen floriert haben, Porzellan hat dem Kaffeegenuss geholfen in Tassen zu landen, in denen er nach wie vor bis heute unbestritten am schönsten aussieht und am besten schmeckt, was richtige Kaffeekenner bezeugen.

Die passende Tasse zu welchem Kaffee?

Zu **Filterkaffee** ist noch immer eine dünnere Porzellantasse angebracht.
Zu **Aufgebrühtem Kaffee** ist traditionell auch eine nicht zu dicke Tasse am besten geeignet, im Gegensatz
zu **Espresso**, bei dem sollte diese kleine Tasse (sogar kleiner als eine Mokkatasse) aus dickem Porzellan sein, damit der Espresso in dem nur halb- bis dreiviertel gefülltem Tässchen der starke Auszug heiß bleibt.

Zu **Mokka** gehört ein dünnes Mokkatässchen, für dieses excellente Getränk.
Zu **Cappuccino und Café au lait** benötigt man eine größere als für Filterkaffee und schalenförmige Tasse, die eine dickere Qualität haben darf. Manche mögen ihn auch in einer hohen Tasse mit dem gleichen Inhalt.

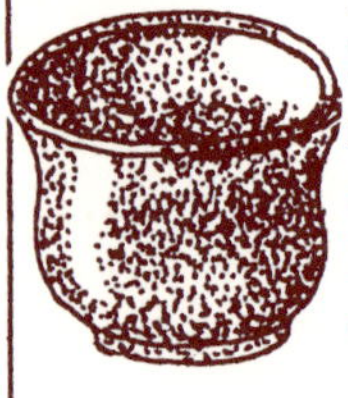

Zu **Caffè macchiato oder Latte macchiato** gehört ein festes Glas, damit man das Farbenspiel von braun und weiß sieht.

Kaffee, dieses edle, überaus arbeitsintensive und sensible Getränk, das bei der Zubereitung schon penetrant auf jeden Hauch von Fremdgeschmack reagiert, (Siehe Reinigung) hat es nicht verdient, in einem Pappbecher zu landen. Ein weiterer Gesichtspunkt ist zu bedenken, den Abfall, der immerhin in Milliardenhöhe anfällt, ob verwertbar oder nicht!

Es heißt doch auch so schön: "Komm doch auf eine

Tasse

Kaffee zu mir!" Oder "Gehen wir zu einer Tasse Kaffee wohin?"

Kaffee-Pause

Die praktischen, geschäftstüchtigen Amerikaner haben schon gewußt, warum sie als erste Nation die Kaffee-Pause eingeführt haben.
Der Kaffee macht wach, fördert die Durchblutung auch im Gehirn und mobilisiert die Muskeln. Nach dem Genuss einer guten Tasse Kaffee und diese mit ein bißchen Muße getrunken, läuft dann alles nach einem Leistungstief wieder auf Touren.
Nicht zu vergessen der psychologische Effekt, sich etwas Gutes gegönnt zu haben. In den angelsächsischen Ländern wird Kaffee, also "Coffee", als "Think drink" bezeichnet und bei uns ranken sich viele Anekdoten von Dichtern und Denkern um das Thema "Dichter Droge" Kaffee.

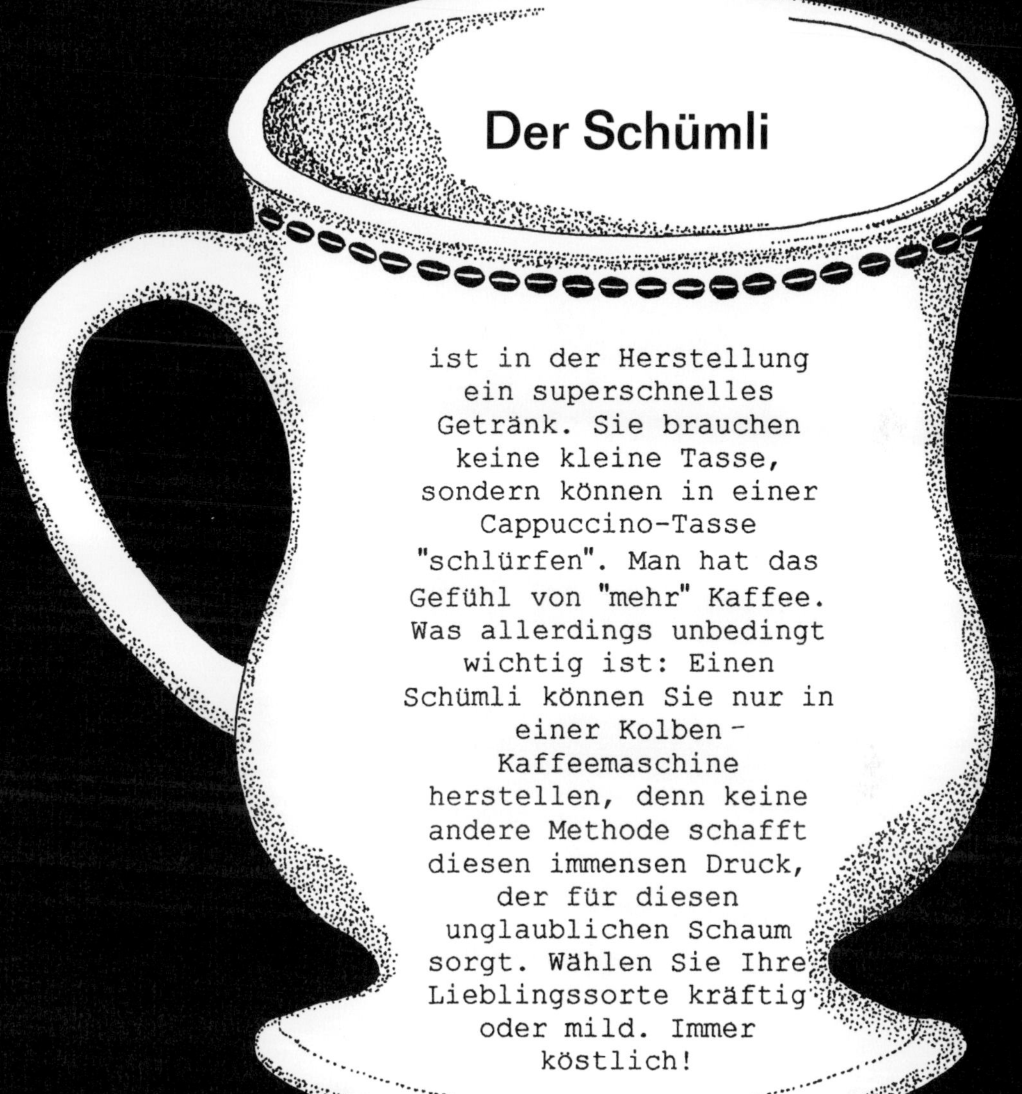

Der Schümli

ist in der Herstellung ein superschnelles Getränk. Sie brauchen keine kleine Tasse, sondern können in einer Cappuccino-Tasse "schlürfen". Man hat das Gefühl von "mehr" Kaffee. Was allerdings unbedingt wichtig ist: Einen Schümli können Sie nur in einer Kolben-Kaffeemaschine herstellen, denn keine andere Methode schafft diesen immensen Druck, der für diesen unglaublichen Schaum sorgt. Wählen Sie Ihre Lieblingssorte kräftig oder mild. Immer köstlich!

Passionierte Kaffeefans trinken ihr Lieblingsgetränk am liebsten pur. Dennoch ist eine kleine Zugabe oftmals sehr interessant und eine Probe wert. Zu den Standardzugaben zählt vor allem Alkohol in verschiedenen Variationen. Traditionelles oder für Sie neu Erprobtes finden Sie hier:

Alt bekannt und nie vergessen:

Der Pharisäer

	Tassen vorwärmen
2 Tassen sehr heißen Kaffee	herstellen
50 ml Sahne	schlagen, beiseite stellen.
	Den Kaffee auf 2 Tassen verteilen. Nach Belieben
jeweils 1 TL Zucker	darin auflösen, dann
jeweils 1 EL Jamaica-Rum	einrühren.
	Mit der vorbereiteten
Sahne	bedecken und sofort servieren.

Der Pharisäer kommt von der Insel Nordstrand (bei Husum). Der strenge Pastor wollte nach einer Beerdigung, dass kein Alkohol ausgeschenkt würde. Daraufhin schütteten die Nordfriesen ihren Kaffee mit Rum auf. Obendrauf kam eine Haube Sahne. Nur der Pastor bekam normalen Kaffee. Als die Gesellschaft immer lustiger wurde, merkte es schließlich auch der Pastor und er rief aus: "Oh ihr Pharisäer!" So bekam das nordfriesische Nationalgetränk seinen Namen.

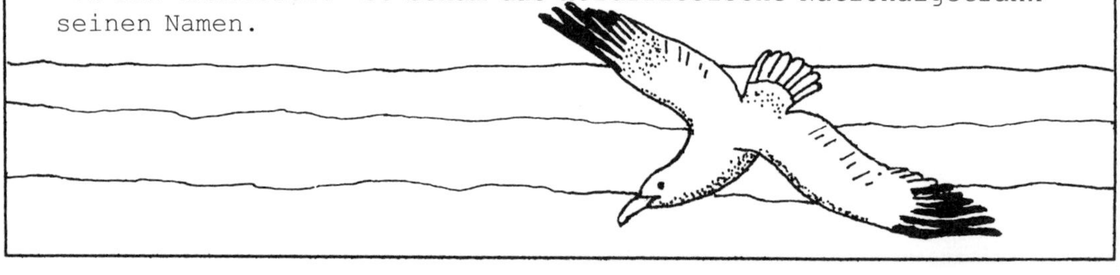

Teufels-Trank

In eine feuerfeste Schüssel oder Topf folgende Zutaten geben:

1 Vanillestange	aufgeschlitzt,
1 Zimtstange	ca. 10 cm,
10 Gewürznelken,	die an
10 Würfelzucker	abgeriebene Schale von
2 Bio Orangen	und von
2 Bio Zitronen,	sowie den Saft davon und
1 1/4 l Kaffee	sehr heiß und stark über die Zutaten gießen. Rèchaud auf **kleiner** Flamme anzünden. In eine heiße Kelle oder Schöpfer hochprozentigen
Weinbrand	gießen, vorsichtig anzünden, **langsam** in den heißen Kaffee-Topf senken bis die Flamme erloschen ist. Rèchaud löschen.
100 ml Cointreau	zugeben und in kleine vorgewärmte Tassen abfüllen.

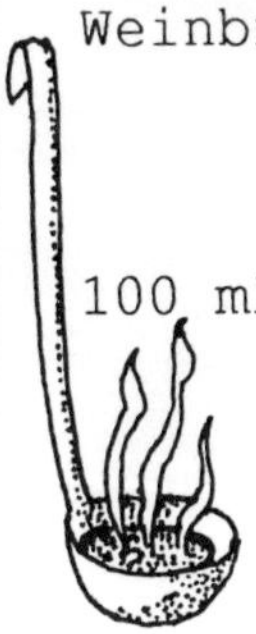

Nicht mehr Autofahren.

Mocha-Shake

300 ml sehr kalten Mokka mit
2 Eiern (à 70 g)
3 EL echten Vanillezucker
1 TL Kakao
1 EL Brandy

in einem Mixbecher gut durchschütteln und in 2 hohe Glas-Trinkbecher füllen. Strohhalme nicht vergessen.

Mocca-Flipp

200 ml süße Sahne
200 ml Cognac
100 g Puderzucker
2 TL Mokka Instant Kaffee in
2 EL heißem Wasser lösen
1 Eigelb zugeben.

Im Mixbecher fest schütteln
Auf 2 Gläser verteilen.

Mocca-Mix

200 ml kalte Milch
2 Eidotter
125 starken, kalten Mokka
1 EL Kakao
1 EL Cointreau

Im Mixbecher fest schütteln.
Auf 2 Gläser verteilen.

Eiswürfel nach Belieben

Mocca-Fizz

1/2 Glas Gin
1/2 Glas Mocca
1 TL Zucker
1 Eiweiß
1 EL Eiswürfel

alles zusammen mixen.

Wenn im Freien serviert wird

gibt es meist nur Kännchen, was so manchem Besucher nicht gefällt. Aber wenn man bedenkt, dass der Kaffee in einer Tasse bei den oft weiten Wegen überschwappen würde, ist es in einem Kännchen praktischer, denn der Kaffee bleibt auch länger heiß und das Aroma verflüchtigt sich nicht so schnell. Wenn Sie die Möglichkeit haben, im Freien Kaffee zu trinken, ist dies immer ein doppelter Genuss. Es ist Sommer, warme Luft und macht gute Laune.

Einladung zum Kaffee

Wenn man sagt: "Komm doch zum Kaffee zu mir!" - ist das viel mehr als eine übliche Einladung.

Es ist unausgesprochen der Wunsch sich zu unterhalten, ein entspannendes, nettes oder auch geistreicheres Gespräch zu führen oder deine oder meine Probleme loszuwerden, was auch meistens gelingt. Kaffee sorgt nämlich durch seinen Inhaltsstoff, dem Glückshormon Serotonin, für eine anregende, zufriedene oder sinnvollere Unterhaltung als es bei Bier oder Wein möglich wäre. Außerdem braucht keiner Angst vor einer Promille-Kontrolle beim Nachhauseweg haben.

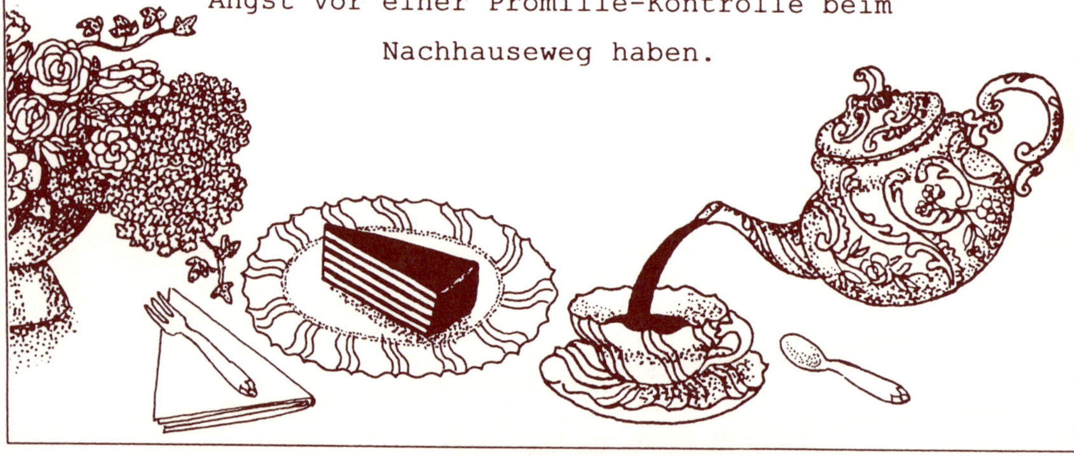

Kaffee mit Zucker

Es gibt Epochen in denen einfach alles zusammenpasst. So bei Kaffee und Zucker. Gerade als Bohnenkaffee zu florieren begann, fand der Berliner Chemiker Markgraf Andreas Sigismund (1709 - 1782) in der Runkelrübe Zucker, der durch günstige Umstände zu einem Riesenerfolg kam. Der Direktor Jakob Christoph Rad der Zuckerfabrik in Mähren stellte als erster 1840 den Würfelzucker her. Die geniale Idee stammte aber nicht von ihm, sondern von seiner Frau Juliane, die eine leidenschaftliche Kaffeetrinkerin war.

(siehe Literaturanhang)

So entstand noch eine größere Liebe zu Kaffee. Die Kostbarkeit Zucker wurde in ebenso kostbaren Behältern aufbewahrt, oft mit Schloss.

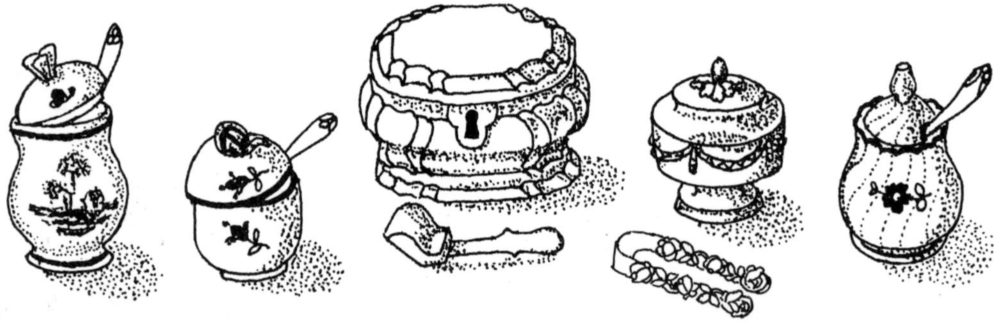

Kaffee mal auswärts

Es gibt es immer noch, das Kaffeekränzchen der älteren Damen, die sich meist von ihrer Jugend her kennen und dadurch ohne Vorbehalte über alles offen plaudern können. Es findet nicht mehr so oft statt wie Fritz Scheffel in "Auslese aus dem Deutschen Barock" schrieb: "Caffé-Kräntzgen ist eine täglich oder wöchentliche Zusammenkunft und Versammlung einiger Frauenzimmer zur intimen Unterhaltung, welche der Reyhe herumgehet, wobei sie sich mit Caffé betrinken."

Das "Reihum" ist auch noch üblich, aber man geht eben auch mal auswärts um die Hausfrau zu entlasten - da es keine Mädchen mehr zur Bedienung gibt.

Wenn man schon ausgeht, dann soll es auch ein schönes Café sein. Die Suche ist oft nicht einfach. Wenn man bedenkt, dass die erste **Kaffeeschänke** in London auf einem Karren auf der Straße stand und dann unter Dach ein **Stehcafé** eröffnet wurde - ist man doch erstaunt, dass heute die berühmte Kaffeehauskultur mit wenigen Ausnahmen dem "Fort- oder Rückschritt?" unterlegen ist und von vorne anfängt. Marlene Dietrich und Joan Baetz könnten anstelle von "Blumen" singen: "Sag mir wo die Cafés sind, wo sind sie geblie-ie-iben?"

Die jungen Leute sind auch zu Kaffee-Fans geworden, sitzen aber lieber auf Barhockern und lassen sich vom Barista ihren geliebten Espresso oder Macchiato servieren. Die Bargespräche sind im Endeffekt die gleichen, die diese Kränzchendamen auch in ihrer Jugend geführt haben.

Mit ein bisschen Mühe findet man dann hin und wieder eine Oase.

GOURMET·BUFFET

Kaffee-Karte

Filter Kaffee	Kaffee & Milch
Brauner:	Kaffee mit wenig Zucker und Milch
Café au lait = Kaffee verkehrt	Mehr Milch als Kaffee
Einspänner:	starker Kaffee mit Schlagsahne
Fiaker:	Kaffee mit Kirschwasser und Obers (Schlagsahne)
Mélange:	starker Kaffee mit heißer Milch, 1:1 gemischt
Mokka gespritzt	Echter Mokka oder sehr starker Kaffee mit Obstler oder Rum
Kaiser Melange	starker Kaffee mit Ei, Sahne und Zucker
Pharisäer	starker Kaffee mit Rum und Sahnehaube
Irish Coffee	starker Coffee, brauner Zucker, Irischer Whisky, leicht geschlagene Sahne
Caffè coretto	Espresso mit Grappa

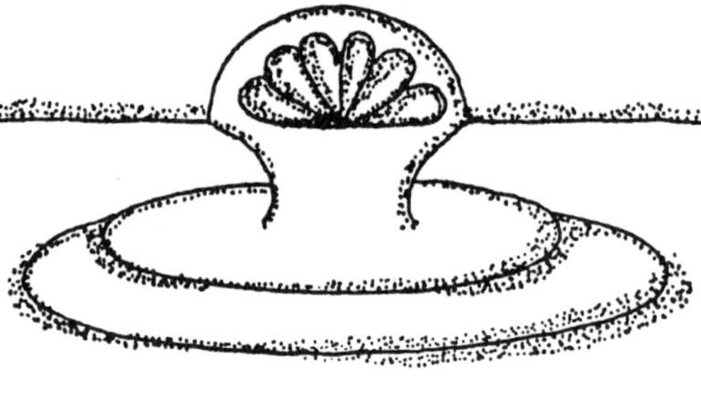

Kaffee-Karte

Espresso pur	
Caffé latte	Espresso mit heißer Milch ohne Schaum
Cappuccino	Espresso mit heißer, geschäumter Milch oder aber
Cappuccino:	aus Kaffee wie oben
Latte macchiato:	gekochte Milch mit 1 Schuss Espresso
Caffè macchiato	Espresso mit etwas geschäumter Milch
caffè freddo	Espresso eisgekühlt, gezuckert
lungo	Espresso mit mehr Wasser
ristretto	Espresso stark mit weniger Wasser
doppio ristretto	doppelter Espresso sehr stark
dopio	doppelter Espresso
caffè al ouvo	starker Kaffee mit Ei
Granita di Caffè	gestossener, geeister Kaffee
Eiskaffee	mit Vanille Eis und Sahne
Eiskaffee	mit Mokka Eis und Sahne

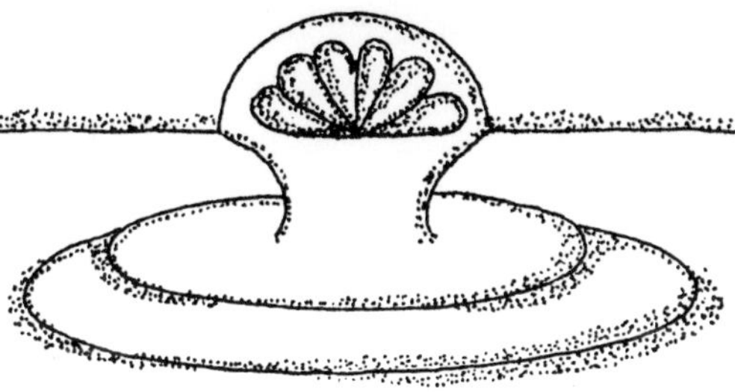

Tasse oder Kännchen?

"Bitte schön?"
"Ich möchte bitte eine Tasse Kaffee!"
"Wir haben leider nur Kännchen!"
"Das ist aber schade!"
"Soll ich Ihnen ein Kännchen bringen?"
"Ja, bitte sehr – wenn Sie keine Tasse haben!"
"Kommt sofort! So, bitte, Ihr Kaffee, mein Herr!"
"Ach, Sie haben noch eine gefunden?"
"Eine was?"
"Eine Tasse! Sie sagten doch, Sie hätten keine!"
"Wieso haben wir keine Tassen?"
"Ja, das hab' ich mich auch gefragt!"
"Also, was wollen Sie nun eigentlich?"
"Entschuldigen Sie, Fräulein, Sie sagten –
als ich eine Tasse Kaffee bestellen wollte -,
Sie hätten leider nur Kännchen. Und nun sehe ich,
dass Sie eine Tasse mitgebracht haben!"
"Natürlich, wollen Sie den Kaffee aus dem Kännchen trinken?"
"Nein, ich wollte ja auch eine Tasse haben!
Da sagten Sie, Sie hätten nur Kännchen!"
"Entschuldigen Sie, zu einem Kännchen gehört eine Tasse!"
"Das meine ich ja auch. Aber wenn Sie nur diese eine Tasse –
die Sie jetzt für mich aufgetrieben haben – besitzen?
Was machen Sie denn dann, wenn auf einmal 50 Leute
ein Kännchen bestellen?"
"Das ist noch nie passiert! Die bestellen alle immer erst
eine Tasse –bis ich dann sage, dass wir nur Kännchen haben!"
"Aber hier gibt's doch keine Tassen!"
"Deshalb sag' ich ja, dass wir nur Kännchen haben!"

"Das ist ja fürchterlich für Sie!
Hören Sie, ich wohne nicht weit von hier.
So 10 bis 12 Tassen könnte ich auftreiben!"
"Aber wir brauchen keine Tassen, mein Herr!"
"Sie brauchen keine, wenn 50 Leute auf einmal bestellen?"
"Mein Gott, die kriegen doch eine mit dem Kännchen!"
"Ich denk', Sie haben keine!"
"Ohne Kännchen haben wir auch keine!"
"Wieso, müssen Sie denn immer ein Kännchen
dazunehmen, wenn Sie eine Tasse kaufen?"
"Sagen Sie mal, wollen Sie mich auf den Arm nehmen?
Sie haben jetzt Ihre Tasse und Ihr Kännchen!"
"Wieso mein Kännchen? Das ist Ihr Kännchen!
Ich wollte ja gar keins! Schütten Sie jetzt bitte die
Tasse voll, und nehmen Sie das Kännchen wieder mit!"
"Das geht nicht!"
"Warum geht das nicht?"
"Weil im Kännchen zwei Tassen drin sind!"
"Nun reicht es aber, Fräulein!
Sie wollen mir doch nicht einreden,
dass in dem Kännchen gar kein Kaffee,
sondern zwei Tassen drin sind?"
"Zwei Tassen Kaffee, mein Herr!"
"Vorhin hatten Sie nicht 'mal eine Tasse!
Mit der, die hier auf dem Tisch steht,
wären das jetzt schon drei!"
"Sie machen mich ganz verrückt! 3, 10"
"Wieso 13? Ich habe drei gesagt!
Ich will aber nur eine! Und nun bringen
Sie das Kännchen wieder weg!"
"Bitte schön!"
"Halt! Sie haben ja vergessen, die Tasse vollzugießen!"
"Wir haben keine Tassen, mein Herr!"

Entdeckt im Café Herbert in Alzey

... und was gibt es zum Kaffee?

Hoffentlich denken Sie nicht gleich an Joule oder Kalorien! Aber vielleicht gehören Sie zu den Glücklichen, die sich zunächst auf einen guten Kaffee mit einer ebenso guten "Begleitung" freuen und genießen können.

Die Auswahl richtet sich natürlich nach dem Kaffee, den Sie sich ausgesucht haben und nach der Tageszeit. Ob Sie ein "Frühstücker" sind mit mehr "drum herum", oder in der Eile nur schnell eine Tasse Kaffee oder Espresso trinken.

In England gibt es traditionell ein ausgiebiges **F r ü h s t ü c k** mit Porridge, Ham and Eggs etc., in Frankreich dagegen ist nur das frische Croissant wichtig.

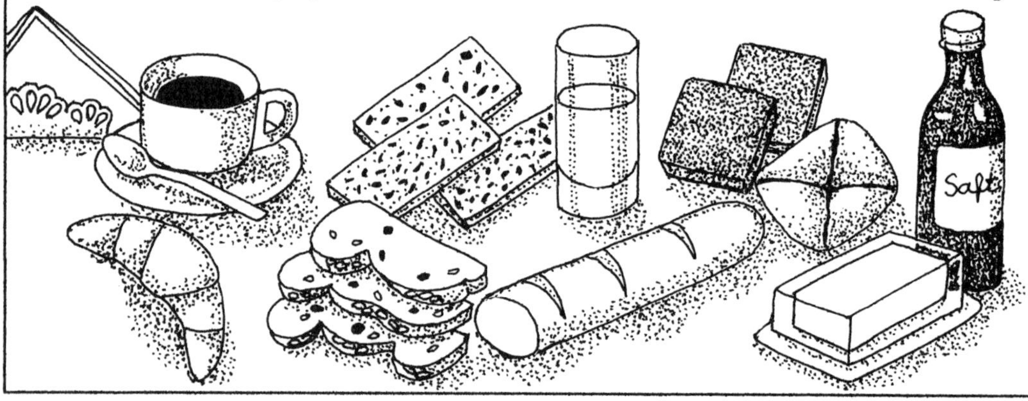

Das Frühstückshörnchen

Zu längeren Kaffeegetränken wie Filterkaffee, Caffé au lait, Macchiatto oder Cappuccino braucht man schon ein bißchen mehr dazu, als ein kleines Amarettini zum Espresso. Das beliebteste Frühstücksgebäck der Franzosen ist das Croissant. Ein ganz frisches, blättriges Hörnchen. Denken Sie gleich an die dünnen vielen Bröseln, die unweigerlich dazugehören. Der Aufwand selbst, Croissants zu backen, ist unrentabel. Lediglich mit gekauftem Blätterteig oder auch wenn der Teig etwas dicker sein darf, mit Quarkblätterteig kommt man doch noch zu Frühstückshörnchen, die auch eingefroren werden können. Achten Sie beim Einkauf von tiefgefrorenem Blätterteig auf gute Qualität, der Unterschied ist nämlich oft sehr groß.

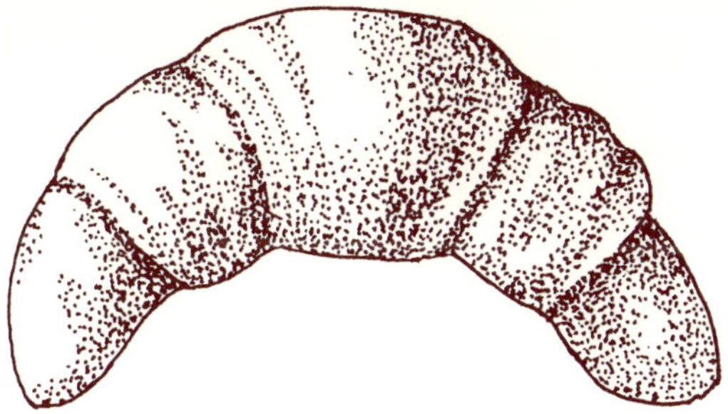

In Old Germany ist das frische Brötchen mit Butter und Marmelade typisch, wird aber heute von Vollkornprodukten oft verdrängt. Wußten Sie, dass 1 Banane ein hervorragender Begleiter ist und mit seiner basischen Beschaffenheit prima zu Kaffee passt? Das Müsli hat durch das Gesundheitsbewusstsein längst Einzug gehalten und ist bei Jung und Alt beliebt. Beachten Sie, dass nicht zu viel saures Obst enthalten ist, was nicht nur den Kaffeegeschmack stört. Vermeiden Sie zu scharfe Beilagen, die in Verbindung mit Kaffee Sodbrennen verursachen können. Der Kaffee ist daran nicht schuld.

Zum Kaffee nach dem ***Mittagessen*** gibt es meist einen Espresso, eine Tasse Filterkaffee zur Verdauung, weniger gefragt sind deshalb Kaffee-Milchgetränke. Nach dem Essen genügen zum Kaffee ein paar Amarettini, kleine Plätzchen oder ein kleines Schokotäfelchen.

Der ***Nachmittag*** ist die Zeit für Kaffee mit "Begleitung". Zum Nachmittags-Kaffee ein Stückchen Kuchen ist die Entspannung pur. Eine Kaffee-Einladung ohne Kuchen oder Gebäck wäre nicht denkbar. Es müssen ja nicht Riesentorten sein. Im Anhang finden Sie eine große Auswahl von Kuchen u. Gebäck, auch solche Rezepte, die nicht süß sind. Viel Spaß und Freude damit.

Kaffee Zwischendurch wird meist pur ohne große Beilage getrunken. Diese Kaffeepause ist ja auch mehr zum Auftanken bestimmt.

Abends noch Kaffee ist reine persönliche Ansichts- und Verträglichkeitssache.

Wenn Sie Alkohol getrunken haben, glauben Sie bitte nicht, dass Sie nach einer oder zwei Tassen Kaffee fahrtüchtig sind!!!

Eis mit Kaffee

Eis mit Kaffee

Espresso-Sorbet
Echter Eis-Kaffee
Gelato al Caffè
Granita di Caffè
Granita al Cappuccino
Cappuccino Gelati

Espresso-Sorbet

3/4 l Wasser	zum Kochen aufsetzen, mit
1/2 Tasse weißen Zucker, 1/2 Tasse braunen Zucker, 1 EL Vanillezucker	zusammen ca. 2–3 Min. köcheln lassen, bis sich der Zucker vollends gelöst hat.
1/2 l Espresso Instant	kann auch sein, einrühren, am besten mit einem Schneeschläger bis er sich auch, wie der Zucker, gelöst hat. In einen flachen Metallbehälter oder in Eiswürfelfächer füllen. Wenn die Gitter herausnehmbar sind, entfernen, da dann das Auflockern mit einer Gabel oder einem Eisportionierer besser geht. Im Gefrierfach belassen, bis alles immer wieder angefroren ist. Dann nochmals aufkratzen und in Gläsern servieren. Eine herrliche Erfrischung an tropischen Hitzetagen.

Echter Eis-Kaffee

6 hohe Eiskelche vorkühlen.

1/2 l starken Kaffee **oder**
1/2 l Espresso — zubereiten und kaltstellen.
1/4 l süße Sahne — schlagen. In jeden gekühlten Eisbecher

2-3 Kugeln Kaffee- **oder**
2-3 Kugeln Mokkaeis — mit Eisportionierer einfüllen, den kalten Kaffee gleichmäßig auf die Becher verteilen. Obenauf eine Haube aus der vorbereiteten Schlagsahne setzen.

Dazu werden Waffeln noch besser Hohlhippen gereicht.
Sollten Sie für Ihre Gäste das Eis selbst bereiten wollen, nehmen Sie das

Gelato al Caffè

für 6 Personen

400 g Zucker — mit
210 g Eigelb — gut verrühren, dann
125 ml sehr starken Espresso und
250 ml Milch — zufügen und mit dem Mixstab verquirlen. Entweder in eine kleine Eismaschine füllen oder in einer Metallschüssel ins Gefrierfach stellen. Alle 20 Min. mit Mixstab durchrühren. Wenn die richtige Konsistenz erreicht ist, schwelgen Sie wie in Bella Italia.

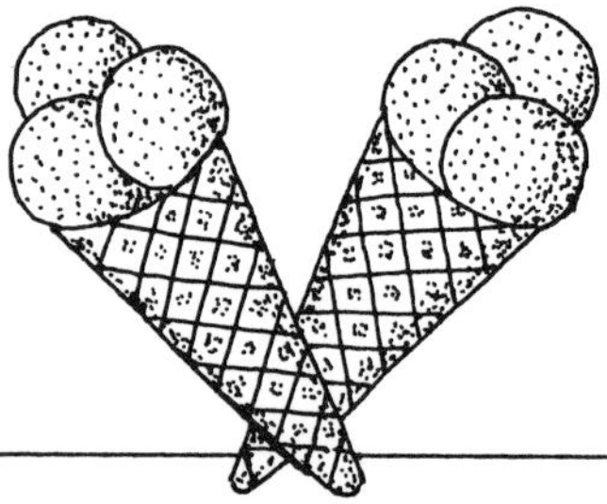

Granita di Caffè

DIE ITALIENISCHE KÖSTLICHE ERFRISCHUNG AN HEISSEN TAGEN!

Wichtig sind die frisch gerösteten Arabica-Bohnen mittelfein gemahlen, da ein Brühkaffee hergestellt wird.

	In eine große vorgewärmte Kanne
125 g Kaffee	und
80 g Zucker	geben.
1 l Wasser	kochen - und auf 95° gesenkt, den Kaffee damit überbrühen. Kanne zudecken, in heißes Wasserbad stellen und den Kaffee eine halbe Stunde ziehen lassen. Kühl stellen. Wenn die Temperatur gesunken ist, durch einen Filter laufen lassen, in einem Metallbehälter oder in Eiswürfelbehälter gefrieren lassen bis der Kaffee körnig und fest ist. Nicht umrühren! In hohe dickere Gläser füllen. Nach Belieben können Sie ein Sahnehäufchen platzieren und mit sehr fein gemahlenem Kaffee bepudern.

Mit Eislöffel grob zerhacken.

Granita al Cappuccino

400 ml	starken Espresso herstellen,
150 ml süße Sahne	zugeben mit
80 g Zucker	und
2 EL Vanillezucker	in dem Kaffeegemisch verrühren bis alles aufgelöst ist. In einen flachen Behälter oder in Eiswürfelfächer eingefrieren. Vor Gebrauch ca. 1/2 Std. in den Kühlschrank stellen. Servieren Sie dazu Waffeln, Hippenstreifen oder Mandelschnitten etc. Siehe auch Kuchen und Kleingebäck.

In grobe Stücke wie Kandiszucker zerhacken.

Cappuccino Gelati

100 g Zucker	in
500 ml heißer Milch	auflösen
5 EL Instant Espresso	zufügen. Mit einem Schneebesen gut vermischen. Ausgekühlt in eine Metallschüssel füllen, mit Alufolie abdecken und in das Gefrierfach stellen. Hin und wieder mit einer Gabel auflockern. Vor dem Servieren
100 ml Sahne	schlagen. Das Eis rechtzeitig aus der Kühlung nehmen. Nochmals durchlockern, in 3 - 4 hübsche Schalen füllen.
	Als Krönung auf jede Portion ein Sahnehäubchen setzen und mit gesiebtem
Kakao	bestäuben. Hippenstreifen oder Waffeln dazu servieren.

Küchenausdrücke

aufschäumen lassen	erhitzen, bis die Flüssigkeit mit Blasen hochkommt, z.B. bei Orientalischem Kaffee. Nicht zu hoch einfüllen!
auswellen oder ausrollen	mit dem Teigroller den Teig nach gewünschter Stärke flach rollen.
einen Spiegel machen	Fruchtmus dick kochen oder mit **wenig** Gelatine eindicken. Auf einen Dessert-Teller ca. 1 cm gießen, dann den Pudding oder Creme daraufsetzen.
auf Dampf schlagen	Rührschüssel **auf** einen Topf mit fast kochendem Wasser stellen.

Wasserbad	zum Warmhalten. Das Gefäß steht im Gegensatz zum "auf Dampf" schlagen, **im** Wasser. Dieses darf nicht kochen.

Überpudern	mit Puderzucker, aber auch mit Kakao geschieht mit einem speziellen Puderzuckerstreuer oder mit einem kleinen, sehr feinen Sieb. Nicht zu dick pudern. Am schönsten ist es, wenn man die Speise noch durchschimmern sieht.

Desserts mit Kaffee

Kaffee-Flammerie

4 EL Kakao
schwach entölt
50 g Maizena **oder**
50 g Mondamin
50 g Zucker
1/8 l Vollmilch
1/2 l starken Kaffee

50 g Butter

Zucker

Vanille-Sahne

1 EL Cappuccino -
Eierlikör

4-6 Puddingförmchen kalt ausspülen und in den Kühlschrank stellen.

mit
vermischen, mit
glattrühren.
zum Kochen bringen, vom Feuer nehmen, die Milch-Kakao Mischung einrühren, wieder erhitzen bis die Masse dicklich wird.
einrühren und in die vorbereiteten Förmchen gießen. Obenauf jeweils
streuen, damit keine "Haut" entsteht. Ca.
4 Stunden zugedeckt in den Kühlschrank stellen.
Nach dem Stürzen mit flüssiger
servieren.
Je Portion nach Belieben

darübergeben.
Ist prima!

Peppinos Panna Cotta

4-6 Pers.

600 ml Sahne (3 Becher)	mit
1 Vanillestange	diese aufgeschlitzt und mit dem ausgestreiften Mark und
125 g Zucker	10 Min.schwach köcheln lassen. Inzwischen
2 Blatt Gelatine	in
4 EL Milch	lauwarm auflösen und in die heiße, aber nicht mehr kochende Sahne einrühren. In Förmchen oder hohe Gläser nicht bis zum Rand füllen, die Sauce soll noch Platz haben. Mindestens 6 Std. mit Folie abgedeckt kalt stellen.
Kaffee-Sauce dazu:	
	In
250 ml lauwarmen Espresso	
125 g Zucker	auflösen. Wenn die Mischung erkaltet ist,
3 EL guten Kaffeelikör	untermischen und auf die fertige Creme vor dem Servieren verteilen.

Feines Caffè Parfait

4-5 Förmchen mit kaltem Wasser ausspülen

125 ml Sahne	mit
200 g Zucker,	
1 Eigelb	und
3 EL besten Instant Kaffee	rühren, langsam erwärmen bis alles heiß aber nicht kochend ist, unter Umrühren am besten in kaltem Wasserbad abkühlen. Dann mit
40 ml Mokkalikör	vermischen.
375 ml Sahne	steifschlagen und unter die Kaffeemischung heben. In Förmchen füllen. Einfrieren.

Vor dem Servieren 10 Minuten antauen lassen, auf Teller stürzen, nach Lust und Laune garnieren.

	Sie können auch das Quantum in eine mit kaltem Wasser ausgespülte 1 l Kastenform füllen, die Hälfte der Masse einfüllen, kaffeegetränkte
ca. 8-10 Löffelbiskuits (je nach Größe)	darauflegen und mit dem Rest der Sahne-Kaffeemasse abdecken. Nach dem Einfrieren stürzen und mit heißem Messer ca. 2 cm Scheiben abschneiden.

von Hannelore Schrader

Feine Mokka-Creme

200 g Zucker	in einer Pfanne flüssig und braun werden lassen. Bitte nicht zu dunkel, sonst wird der Caramellgeschmack bitter. Nach und nach
1/2 l Milch	zugeben. Rühren bis der Zucker wieder aufgelöst ist.
3 TL Mondamin	in
etwas Milch	angerührt, zufügen und 3 Min. aufkochen,
3 EL Instant oder **sehr** starken Kaffee	unterrühren. Kalt stellen.
600 ml süße Sahne	steifschlagen und unter die Masse heben. Mit
50 g Borkenschokolade	bestreuen.
	Dieses feine Dessert verdient auch eine schöne Präsentation.

Caffè-Schichtcreme

4-6 Personen
durchsichtige Glasschüssel kühlstellen.

500 ml starken Kaffee	herstellen
150 g Zucker	darin auflösen. Kalt stellen.
9 Blatt Gelatine	ca. 5 Min. kalt einweichen
125 ml heißen Kaffee	mit der ausgedrückten Gelatine gut verrühren bis die Gelatine völlig aufgelöst ist. In den kalten Kaffee s. oben einmischen.
375 ml süße Sahne	steifschlagen und **sofort** locker in das kalte Kaffeegemisch heben. In die kalte Glasschale (ca. 20 cm Ø) füllen, am besten über Nacht zugedeckt in den Kühlschrank stellen. Der Kaffee setzt sich ab, die helleren Schichten bleiben oben. Vor dem Servieren oben auf mit
Kakao	fein gesiebt bedecken **oder** mit
Schokospänen	bestreuen. Dieses Dessert ist ohne Aufwand schnell gemacht u. optisch sehr hübsch.

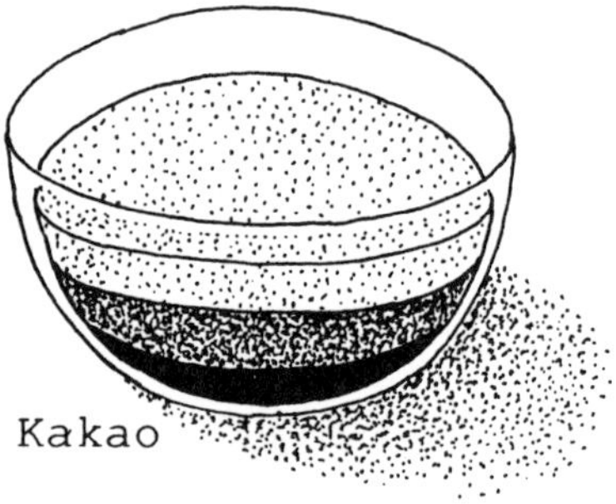

Schweizer Schoggi-Creme

Für 4 Personen:

3 Eidotter	mit
1 EL Wasser	
60 g Zucker	und
1 EL Vanillezucker	schaumig rühren.
150 g Kaffeeschoggi	mit
2 EL starkem Kaffee	auf kleinster Hitze oder im Wasserbad schmelzen, durchrühren. und erkaltet zur Eigelbmasse geben.
1/2 l süße Sahne (Niddel)	steifschlagen, ganz locker unter die Creme heben. Kalt stellen.
	Mit
kleinen Amarettini	oder
Schokobohnen	garniert, servieren.

von Hannelore

Panna Cotta al Caffè

4-6 Auflaufförmchen kalt ausspülen.

4 Blatt(5g)Gelatine – lauwarm einweichen

500 ml Sahne
100 g Zucker
1/8 l starken Espresso

und zusammen in einem am besten feuerfesten Topf unter ständigem Rühren zum Kochen bringen, den Topf vom Herd nehmen.

2 EL Rum

und die ausgedrückte Gelatine hinzufügen, gut durchrühren und in die kalt ausgespülten Förmchen füllen und 4-5 Std. oder besser über Nacht in den Kühlschrank stellen.

Kurz vor dem Servieren auf Dessertteller stürzen oder in den Förmchen belassen. Sie können nach Belieben eine passende Sauce dazu reichen oder wenn die Panna Cotta gestürzt wird, auf einen Spiegel von vanillierter Sahne oder auch Aprikosen- oder Orangensauce setzen. Kleine Schokowaffeln passen gut dazu. Beim Stürzen kann ein feuchtes, heißes Tuch nützlich sein.

Tiramisu

("Richte mich auf")

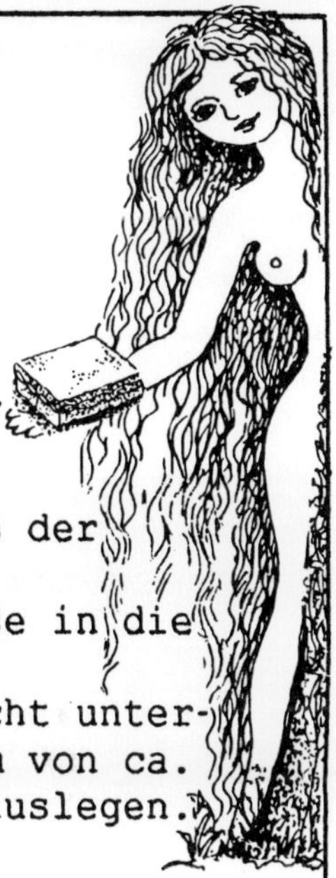

3/4 l Filterkaffee	aufbrühen, kalt stellen.
2 große Eidotter	mit
80 g Zucker	und
1 EL Vanillezucker	sehr gut verrühren, bis der Zucker gelöst ist.
200 g Mascarpone	verquirlt, portionsweise in die Schaummasse rühren.
200 g süße Sahne	steif schlagen und leicht unterheben. Eine flache Form von ca. 25-30 cm mit Alufolie auslegen. Den kalten Kaffee mit
3-4 EL Mokkalikör	vermischen. Eine dünne Schicht Creme auf den Boden der Form streichen. In die Kaffeemischung nacheinander insgesamt auf eine Lage
12 Löffelbiskuits	in der Kaffeemischung getränkt, nebeneinander im Rechteck legen. Dann eine Schicht Mascarpone - Mischung darauf verstreichen. Die nächste Lage von
12 Löffelbiskuits	ebenso in Kaffeemischung tränken und auf die Creme nebeneinander legen. Mit dem Rest Creme die Oberfläche abdecken, glattstreichen und sehr dick mit
dunklem Kakao	bestäuben. Mindestens 4-5 Std. kalt stellen. Vor dem Servieren in Quadrate schneiden. Messer dazu in heißes Wasser tauchen.

Dieses Lieblingsdessert der Italiener wird Sie sicher begeistern.

Mokka-Creme

8 Blatt Gelatine	in lauwarmen Wasser einweichen. Inzwischen
4 kleine Eidotter von 60 g Eiern	mit
50 g Puderzucker	und
1 EL echtem Vanillezucker	sehr schaumig rühren.
3/8 l Mokka	aufbrühen, Gelatine gut ausgedrückt in dem heißen, aber nicht mehr kochenden Mokka völlig auflösen. Obige Schaummasse langsam mit einem Schneebesen einrühren und kaltstellen, aber nicht fest werden lassen.
3/8 l Sahne	geschlagen untermischen. In hübsche Gläser oder Schalen füllen. Nochmals kühlen. Vor dem Servieren
100 g Borkenschokolade	oben daraufstreuen.

11. Mokka-Creme.

210 Gramm feinster Mokka-Kaffee werden lichtbraun gebrannt, sogleich $^{6}/_{10}$ Liter kochende Milch darübergegossen und zugedeckt beiseite gestellt. Wenn dieser kalt geworden, wird er durchgeseiht und mit 8 Döttern und 210 Gramm Zucker zu einer Creme geschlagen, unter die man 14 Blätter aufgelöste Gelatine rührt, mit $1^{1}/_{10}$ Liter fest geschlagenem Rahm leicht vermischt, wie die übrigen verfertigt.

Noch einmal will ich bemerken, daß der Rahm erst eingemengt werden. kann, bis die Creme zu stocken anfängt.

von

Luise Fiala

Wien

1900

Mokka-Zabaione

40 g Zucker	
1 Pck.Vanillezucker	in eine feuerfeste Schüssel geben
1 ganzes Ei	zufügen, auf Dampf verrühren.
4 Eidotter	zufügen. Sehr schaumig schlagen, die Masse muss hellschaumig und von dicklicher Konsistenz sein.
4 EL Mokkalikör	tropfenweise, und die fein abgeriebene Schale von
1/2 Naturorange	beigeben. Die warme Zabaione nochmals aufschlagen und in 4 Glasbecher verteilen.(vorwärmen)

Variation:	je Becher (ggf. größer wählen)
1 Kugel Mokka-Eis	einlegen. Mit
Kakao	bepudern. Sehr fein.

Kaffee-Eis

Ein altes Rezept

	Aus
250 g Mokka-Bohnen	frisch geröstet und fein gemahlen
1/2 l Mokka	bereiten, mit
250 g Zucker	vermischen und halbfest einfrieren.
1/2 l süßen Rahm	schlagen mit
100 g Zucker	vermischen und unter das Eis heben. Noch einmal kurz kaltstellen. In vorgekühlte Gläser füllen und Hippenstreifen oder Hohlhippen dazureichen.

Kuchen und Gebäck mit Kaffee

Kuchen und Gebäck mit Kaffee bereitet

Mokka-Schoko Mandelkuchen

Kaffee-Schoko Guglhupf

Beschwipste Nusstorte

Mokka-Sahne Rolle

Biskuit-Kaffee Nussrolle

Karlsbader Kaffeekuchen

Mocha Tart

Mokka Eclair

Kaffee-Sahne-Baiser

Kaffee Yaponaise

Wiener Kaffeekrapferl

Mokka Profiteroles

Karlsbader Café-Kuchen

1 Karlsbader Oblate	auf eine Tortenplatte mit Papierdeckchen legen.
80 g Butter	mit
80 g Puderzucker	und
2 Eidotter (70g Eier)	schaumig rühren,
1 EL Mokkalikör **oder**	
1 EL Cognac	zufügen, zuletzt
80 g Mokkaschokolade	fein gerieben gut verrühren.
	Die aufgelegte Oblate und weitere
5 Oblaten	mit der Creme bestreichen, als letztes noch
1 Karlsbader Oblate	auf die Creme zum Abdecken legen. Ein Stück Alufolie zum Abschluss darauf breiten.
	Mit einem Buch beschweren. Nach einer halben Stunde mit
100 g Schokoladen-Kuvertüre	beziehen.
5 EL Haselnüsse **oder** Mandeln	geröstet und gerieben oder gehobelt an den Rand streuen.

Nach dem Krieg kamen die Oblaten Firmen nach Deutschland und damit konnten wir die Original Karlsbader Oblaten erhalten. Wie schön!

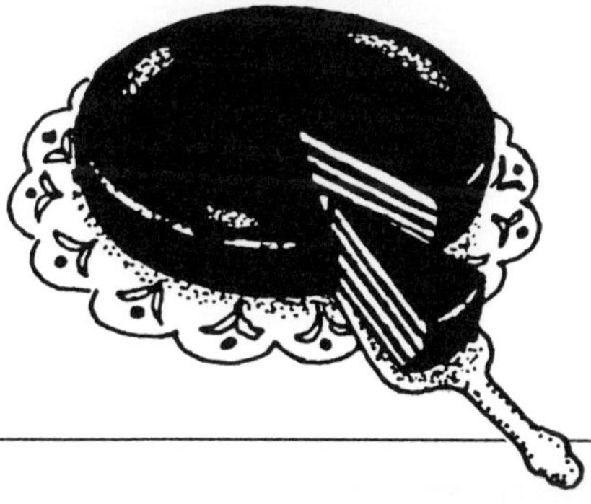

Mocca-Schoko-Guglhupf

160 g Butter	in einem Topf erwärmen.
160 g Bitter Mokka-schokolade	zerbröckeln und mit
160 g Zucker	hineingeben und bei gelinder Hitze gut mischen, dann abkühlen lassen.
5 Eidotter (v.70g Eier)	zufügen und glattrühren.
5 Eiweiß	sehr kalt mit
1 TL Zitronensaft	und
40 g Puderzucker	gesiebt, zu Schaum schlagen.
170 g Mehl	darübersieben, behutsam mischen und unter die gesamte Masse heben, in die vorbereitete Form füllen und bei Umluft 150° oder normal bei 180° ca. 1 Stunde backen. Etwas ruhen lassen, dann Rand lockern. Auf ein Kuchengitter stürzen. Brösel ggf. abpinseln.
4 EL Orangenmarmelade	erhitzen, durch ein Sieb streichen mit
2 EL Cointreau	vermischen und den Kuchen damit bestreichen. Antrocknen lassen, mit folgendem Kaffeeguß beziehen:
150 g Mokkaschokolade	mit
2 EL heißem Kaffee	und
100 g feinster Zucker-raffinade	auf kleiner Hitze so lange rühren, bis sich ein Faden zwischen 2 Fingern zieht. Der Guss muß glatt und glänzend sein.

Dieser Kuchen eignet sich auch als Geschenk mit Form!

Mocca-Schoko-Mandelkuchen

Schnell gemacht und ergibt ein ganzes Blech,
wenn die family komplett ist, gerade recht.

250 g Mokkaschokolade	in einem Töpfchen im Wasserbad schmelzen. Inzwischen
250 g weiche Butter	
250 g feinen Zucker	im Wechsel mit
6 Eidottern (v.60g Eier)	sehr schaumig rühren, die inzwischen abgekühlte Mokkaschokolade zufügen, alles gut vermischen.
100 g Mandeln	gehackt und trocken geröstet sowie
200 g Mandeln	mit der Schale gerieben, zugeben.
2 EL Amaretto	und
1 EL Kaffee- oder Mokkalikör	einrühren.
100 g Mehl	sieben,
6 Eiweiß	mit
1 TL Zitronensaft	**sehr** steif schlagen. Das Eiweiß zum Teil mit dem Mehl locker mischen, dann den restlichen Schnee unterheben. Auf das gut bebutterte Blech oder mit guter Folie bedeckte Blech streichen und bei Elektro 180°, Umluft 160° in 30-40 Min. backen. Noch warm mit im Wasserbad erweichter
Mokkaschokolade (200 g)	beziehen. Etwas abgekühlt in Vierecke, Rauten oder breite Streifen schneiden. Nicht erkalten lassen, sonst splittert die Glasur.

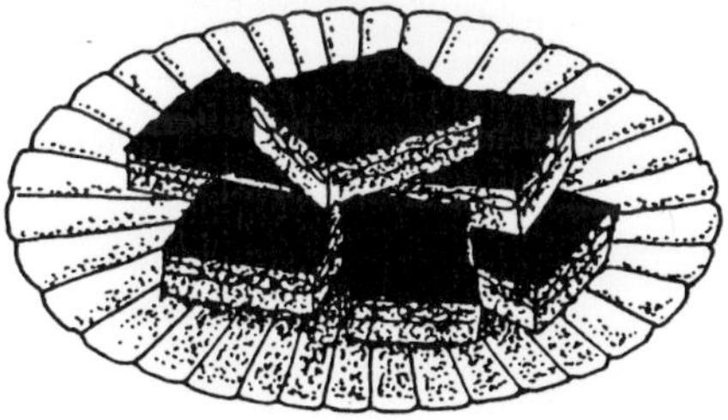

Beschwipste Nusstorte

Für den Boden:

200 g Mehl
1 Ei, 1 Msp. Salz
50 g Zucker
100 g Butter
1 Bio-Orange

und die abgeriebene Schale von zusammen verkneten. Mindestens 1 Std. in den Kühlschrank stellen. In der vorbereiteten Form dann backen bei 180° nur 10 Min., im vorgeheizten Herd.

Für den Belag:

200 g Haselnüsse
200 g Mandeln

rösten, Schalen entfernen, mit ungeschält reiben (nicht mit Mixstab, da werden die Nüsse ölig)

2 Eier (á 70 g)
100 g Zucker
3 EL Vanillezucker
3 EL dunklen Kakao
1 TL Zimt
125 ml starken Kaffee
125 ml süße Sahne
2 EL Orangenlikör

alles gut vermischen und auf den vorgebackenen Boden streichen. Weitere 45 Min. weiterbacken, abkühlen lassen. Mit Alufolie gut abdecken und so 2 Tage im Kühlschrank ruhen lassen, so wird der Kuchen saftig. Vor dem Servieren

250 ml Sahne
1 EL Cognac

steifschlagen untermischen. Die Torte aus der Form nehmen, mit der Sahne bestreichen und mit

50 g Schoko-Raspeln

bestreuen.

Mocha-Tart

175 g Butter mit	
230 g Zucker	hell schaumig rühren,
4 ganze Eier	eines nach dem anderen einrühren. Backröhre auf 180° vorheizen.
65 g ungeschälte Mandeln	gerieben, mit
375 g Mehl, 1/2 TL Natron	gesiebt, locker untermischen, in die Form füllen. Bei 180° ca.30 Minuten backen. Kuchen auskühlen lassen. Vorsichtig 1-2 mal durchschneiden
	Mit folgender Creme füllen:
500 g Butter	zimmerwarm verrühren.
375 g Puderzucker	gesiebt zufügen, mit
4 EL Sahne	und mit sehr starken
4 EL Instant Mokka	fest verrühren und vor dem Füllen und Beziehen in den Kühlschrank stellen. Die fertige Torte mit
Hobelspänen aus Kaffeeschokolade	dick bestreuen.

Mokka-Sahnerolle

Zuerst die Füllung bereiten, da diese einen Tag im Kühlschrank bleiben muß. Dazu:

Einen feuerfesten Topf mit kaltem Wasser ausspülen.

500 ml süße Sahne	langsam zum Kochen bringen.
300 g Kaffeeschokolade	zerbröckeln und
1 EL Instant Kaffee	in der heißen, aber nicht mehr kochenden Sahne auflösen. Nach dem Abkühlen in ein gut verschließbares Gefäß füllen. 1 Tag im Kühlschrank ruhen lassen.

Vor der Fertigstellung der Rolle, den Biskuit-Teig herstellen. Dazu:

6 Eier (á 60 g)	trennen, das **Eiweiß** kaltstellen. Backblech mit Dauerbackfolie belegen, mit
50 g weicher Butter	bestreichen. Herd auf 180° vorheizen. Die 6 Eiweiß mit
1 TL Zitronensaft	und
120 g feinster Zuckerraffinade	auf Dampf schlagen, dann kalt weiterschlagen, der Schnee muß in Spitzen stehen bleiben. Die **Eidotter** mit der abgeriebenen Schale von
1 Naturzitrone	gut verrühren, auf den Eischnee geben und leicht unterheben.
130 g Mehl	feingesiebt, darüber verteilen und ebenfalls locker untermischen.

Auf das vorbereitete Backblech streichen und sofort in das vorgeheizte Backrohr schieben. Nach dem Backen auf ein feuchtes Tuch stürzen. Folie abziehen, ggf. kurz ein feuchtes aber keineswegs ein nasses Tuch auflegen, dann geht das Abziehen ganz leicht.

Die Hälfte der Fülle bis 3 cm zum Rand entfernt auftragen, mit Hilfe des Tuches die Biskuitplatte aufrollen. Mit der anderen Hälfte der Kaffeeschokomasse die Rolle beziehen und mit bestreuen.
Kaltstellen bis zum Verzehr.

Schokoröllchen

Biskuit-Kaffee-Nussrolle

Backblech mit Folie auskleiden und mit

50 g Butter — bestreichen. Backröhre auf 180° vorheizen.

4 ganze Eier — mit

120 g Zucker — auf Dampf schlagen, die Masse darf aber nur lauwarm werden! Probieren! Wenn sie dicklich und hell schaumig ist, vom Dampf nehmen und noch weiterschlagen bis sie abgekühlt ist.

120 g Mehl — sehr fein gesiebt ganz locker unterheben. Nicht rühren! Biskuit ist empfindlich und die eingeschlagene Luft entweicht sonst. Den Teig sofort auf das vorbereitete Blech streichen und im vorgeheizten Rohr backen. 12 Min. bei 180°.

Nach der Garzeit auf ein feuchtes - aber ja nicht zu nasses Tuch - stürzen. Die Folie abziehen, Teigplatte auskühlen lassen.

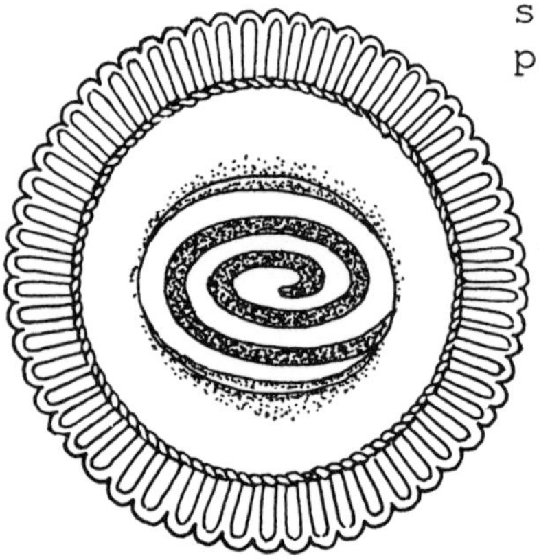

Fülle und Bezug:

3 Blatt Gelatine	kalt einweichen.
6 EL süße Sahne	erhitzen, die ausgedrückte Gelatine darin auflösen, ebenso
3 EL besten Instant-Kaffee.	
3/8 l süße Sahne	steifschlagen,
50 g Zucker	zufügen,
100 g Haselnüsse	geröstet und gerieben leicht mit der Sahne vermischen, mit
1 EL Amaretto	abschmecken. Die Haselnuss-sahne auf die Biskuitplatte bringen, nur bis 3 cm vom Rand weg.
	Mit Hilfe des Tuches zusammenrollen.
150 ml Sahne	mit
1 Vanillezucker	schlagen, die Rolle damit beziehen und mit
2 EL Mokkaschokobohnen	garnieren.

Mokka-Eclair

	In einem halbhohen Topf
1/8 l Wasser 75 g Butter 1 Msp. Salz	aufkochen,
125 g Mehl	auf einmal hineingeben, abschlagen bis sich der Teig vom Topf löst. Dann vom Feuer nehmen.
1 Ei (60 g)	in die heiße Masse einrühren,
3 Eier	in den abgekühlten Teig unterschlagen. Backröhre auf 220° vorheizen. Masse in einen Spritzbeutel füllen mit großer Sterntülle mittelfingerdicke 9 cm lange Streifen auf ein mit Folie bedecktes Blech spritzen. Im vorgeheizten Backrohr ca. 30 Min. belassen, die ersten 20 Min. nicht öffnen, damit das empfindliche Gebäck nicht zusammenfällt. Abgekühlt, der Länge nach aufschneiden. Den oberen Teil mit folgendem Guß glasieren:
200 g Puderzucker 1 EL besten Instant Kaffee	mit
2 EL heißem Wasser	zusammen verrühren und den oberen Teil damit bestreichen.
3/8 l Sahne	schlagen
3 EL echten Vanillezucker 1 EL besten Instant Kaffee	unterschlagen. Den Unterteil der Eclairs mit der Kaffeesahne füllen und den Deckel darauf setzen. Möglichst frisch servieren.

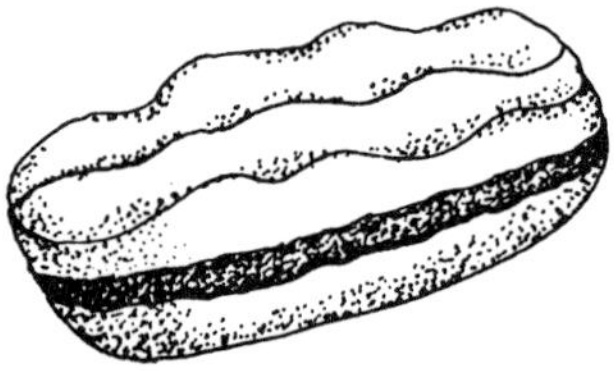

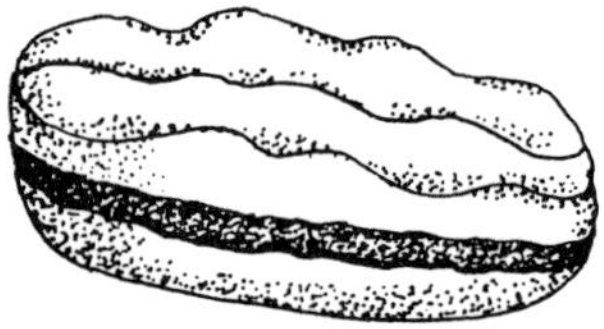

Kaffee-Sahne-Baiser

Die Baisermasse von Herrn Konditor Gall
für 10 Baiser Schalen:

100 g Eiweiß	sehr kalt mit
50 g Zucker	steifschlagen, weitere
200 g Rohzucker	kurz unterschlagen. Backröhre auf 150° vorheizen. Mit einem Spritzsack mit mittlerer Tülle auf ein Backpapier erst den Boden, dann außen Spitzen dressieren. Das Backpapier vorsichtig auf das Backblech ziehen und bei 150° ca.1 Std. belassen. Mit Umluft werden Baisers sehr schön. Müssen ganz fest sein.

Wichtig: Nicht bei feuchtem Wetter herstellen!

Baiser Schalen können Sie auch fertig kaufen, wenn die Zeit knapp ist. Restliche Baisers nicht einfrieren, sondern in Blechdosen aufbewahren.

Füllung:

2 Blatt Gelatine	lauwarm einweichen
100 ml Sahne	erhitzen
1 TL Kakao	und
2 EL Instant Kaffee	darin auflösen sowie die ausgedrückte Gelatine und erkalten lassen.
1/2 l Sahne	steifschlagen, die obige Kaffeemischung erst mit wenig Schlagsahne vermischen dann den Rest zufügen. In die Baiser-Schalen einfüllen und obenauf mit
je 1 Schoko-Kaffeebohne	garnieren.

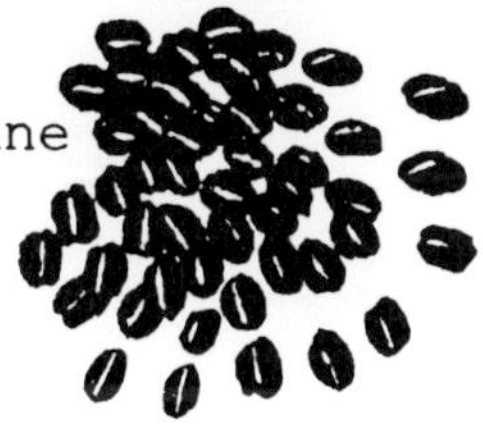

Profiteroles

	Backblech mit Backfolie belegen. Backrohr auf 220° vorheizen.
1/8 l Wasser 75 g Butter 1 Msp. Salz	mit und zum Kochen bringen.
125 g Mehl	gesiebt, auf einmal hineingeben und zu einem Kloß abrühren. Von der Herdplatte nehmen.
1 ganzes Ei	in die heiße Masse rühren.
3 ganze Eier	an den abgekühlten Teig geben. Mit 2 Teelöffeln Häufchen auf das vorbereitete Blech setzen - oder spritzen. Bei 200° ca. 20 Min. backen. Wenn das Gebäck abgekühlt ist, die Käppchen abschneiden.
1 EL Instant Kaffee heißer Sahne	in wenig auflösen.
3/8 l kalte Sahne	steifschlagen, mit der erkalteten Kaffeesahne mischen, die Profiteroles damit füllen. Mit
Puderzucker	bestäuben.
	Können auch eingefroren werden.

Caffè-Yaponaise

	Ein Blech mit Backfolie belegen.
230 g Haselnüsse	in einer Pfanne leicht anrösten, Schalen abstreifen und fein mahlen. In einer Packung gekauft, fehlt das feine Aroma.
7 Eiweiß	mit
230 g Zucker	und
3 Pck. Vanillezucker	auf Dampf schlagen.
4 EL Mehl	gesiebt unterheben und die Haselnüsse leicht untermischen. Auf das vorbereitete Blech mit 2 Teelöffeln ca. 2 cm runde Häufchen setzen.

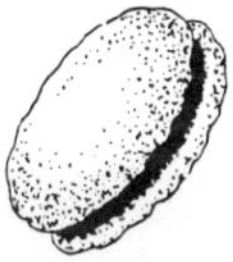
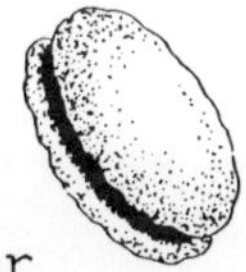

Für die Füllung:

150 g Butter	mit
120 g Puderzucker	sehr schaumig rühren.
150 g Mokkaschokolade	feinstgerieben, unterrühren. Das erkaltete Schaumgebäck auf der Backseite mit 1/2 TL Fülle pro Plätzchen bestreichen und das andere mit der Backseite auf die Füllung legen. Am besten ist Umluft. Elektro 150-170° 10 Minuten

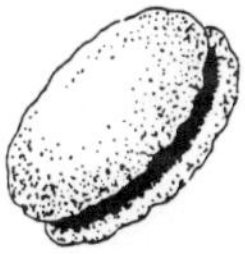
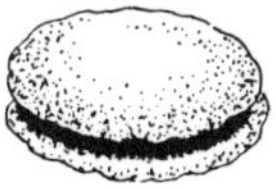

Aufbewahren:

Zum baldigen Verzehr empfohlen. (Buttercreme) Plätzchen **ungefüllt** 4-6 Wochen haltbar.

Wiener Kaffeekrapferl

300 g Mehl	In eine hohe Mixschüssel sieben
130 g Zucker	
3 EL Vanillezucker,	
2 Eigelb	und
200 g Butter	in Stückchen mit Rührgerät vermischen. Eine Rolle formen von 3 cm Ø, in Backfolie wikkeln und in den Kühlschrank legen. Inzwischen
250 g Walnüsse	grob gerieben oder feingehackt mit
1/2 Tasse Milch	
1 EL Pulverkaffee	und
100 g Zucker	zusammen aufkochen bis die Masse dick wird. Von der Teigrolle 3 mm dicke Scheiben abschneiden. Auf jedes Krapferl von der Nussmasse daraufgeben und hellgelb backen. Zum Garnieren je
1 Schokobohne	daraufsetzen, am besten diese vorher in einer Pfanne kurz erwärmen, dann haften die Bohnen besser auf dem Gebäck.

Kuchen und Gebäck zum Kaffee

Kuchen und Gebäck zum Kaffee

Das Frühstückshörnchen
Quarkblätterteig
Schneller Hefeteig
Korkenzieher
Mohnstrietzel
Streuselkuchen
Apfelkuchen
Orangenkuchen
Kastanienkuchen
Amerikanischer Sandkuchen
Sacher Torte
Amarettini
Feine Waffeln
Cantucci
Mandelschnitten
Hippenstreifen
Hohlhippen
Haselnuss Stangen
Cookies á la Provence
Französisches Gebäck

Siehe auch Kuchen u. Gebäck bei Kapitel:
Kuchen und Gebäck **mit** Kaffee bereitet.

Amerikanischer Sandkuchen

200 g Butter	zimmerwarm mit
200 g Zucker	
4 Eier (á 70 g)	im Wechsel schaumig rühren,
125 ml Milch	zufügen,
1 TL Zitronenschale	gerieben darübergeben.
400 g Mehl	mit
100 g Stärkemehl	und
1 TL Natron	zusammen sieben und unter die Schaummasse einbringen. In eine gut gebutterte Kastenform einfüllen. Backen bei 190° ca. 3/4 Std. Nach einer Viertelstunde der Länge nach einen Schnitt machen, damit der Teig oben aufspringt. Nach dem Fertigbacken auf ein Kuchengitter zum Auskühlen legen.
	Entweder mit
Orangen- **oder** Zitronenguss	beziehen, **oder** einfach nur mit
Puderzucker	großzügig bestäuben.

Quarkblätterteig

Am besten kaufen Sie am Tag zuvor:

500 g Quark 40% Fett i.Tr.	Ein Sieb mit einem Tuch auslegen, den Quark einfüllen, Tuch zusammenschlagen und so abtropfen lassen, am besten über Nacht. Wenn nötig noch etwas auspressen. Je trockener, je besser wird der Teig.
300 g Mehl Typ 405 1 Msp. Salz,	auf ein Backbrett sieben,
300 g kalte Butter	in Stückchen daraufschneiden. Den abgetropften
Quark, jetzt 300 g	zugeben, mit einem Messer erst alles durchhacken, dann schnell verkneten. Die Teigkugel - in einen Folienbeutel gewickelt - 1 Std. in den Kühlschrank legen.

Inzwischen das Backbrett säubern und mit Mehl besieben. Teig mit Nudelroller 5 mm dick auswellen, die Hälfte überschlagen und noch einmal zusammenlegen wie zu einem Paket. Über Nacht zugedeckt kalt ruhen lassen. Zum Gebrauch 5 mm dick auswellen.

Für Kleingebäck mit Apfelfülle oder als Käsetasche für "süße" Esser. Auch für "herzhafter" als Kümmelstangen geeignet.

Dieser Teig kann auch als Boden für verschiedene Belage verwendet werden.

Schneller Hefeteig

Hefeteig ist zum Kaffee immer gefragt. Manch einer hat Angst vor der Zubereitung und der vielen Arbeit. Manchmal nicht unberechtigt. Wenn Sie aber einen Blechkuchen mit dem schnellen Hefeteig bereiten, ist das kein Problem. Sie können diesen belegen mit Zwetschgen, Apfelschnitten oder Streusel, mit Käse- bzw. Quarkmasse, der Phantasie sind keine Grenzen gesetzt. Also zum Teig:

1 Tasse Milch	erwärmen, lauwarm soll sie sein.
50 g Hefe (1 Würfel)	zerbröckeln,
	oder dementsprechend
Trockenhefe	in der lauwarmen Milch mit
1 EL Zucker	glattrühren.
375 g Mehl	sieben, die Hefe einrühren,
100g Butter	leicht erwärmt, lauwarm mit
1 Msp Salz	zufügen. Nicht gehen lassen, sondern gleich mit der Hand kurz verkneten und sofort auf das Backblech (mit Folie belegt) rollen. Mit Butter bestreichen und mit der Gabel Löcher einstechen, damit sich der Teig nicht wölbt. Nach Wunsch belegen und bei 200° Ca. 15 Min. im vorgeheizten Rohr backen.

Korkenzieher

500 g Mehl	und
250 g Butter	auf einem Brett oder einer Glasplatte zusammen hacken.
1 Msp. Salz	und die geriebene Schale von
1 Zitrone	und
3 ganze Eier	zugeben. In
1/2 Tasse lauwarmer Milch	
20 g Hefe	bröckeln, glattrühren und zu den anderen Zutaten geben. Alles gut durchkneten bis der Teig glatt ist. In 40 g Stücke aufteilen. Mit der Hand rollen bis ca. 30 cm Länge.
2 Eier	verschlagen. Die Rollen wie auf der Zeichnung formen. Mit Ei bestreichen und in
groben Zucker	drücken. Auf Folie bei 160°-170° goldgelb backen. Folie ist wegen des Zucker wichtig.

Mohn-Marzipan-Striezeln

Zuerst diese Füllung bereiten:

250 g Marzipanrohmasse	mit
2 Eidotter	
160 g Puderzucker	und dem Saft von
1/2 Orange	sehr gut verrühren.
	Diese Masse beiseite stellen.
Den Teig	wie nebenan von "Korkenzieher" herstellen. Diesen 1/2 cm dick und 15 cm lang auswellen. Die Platten mit zerlassener
Butter (60g)	bepinseln, dann die Marzipanfüllung darauf verteilen. 1 cm vom Rand entfernt und **insgesamt**
100 g Mohn	gemahlen, daraufgeben. Fest zusammenrollen, in der Mitte längs durchschneiden und die beiden Teile verschlingen. Siehe Zeichnung. Mit
1 Eigelb	bestreichen. Nach Belieben mit
Zucker oder Mohn	bestreuen.Backen wie Striezel.

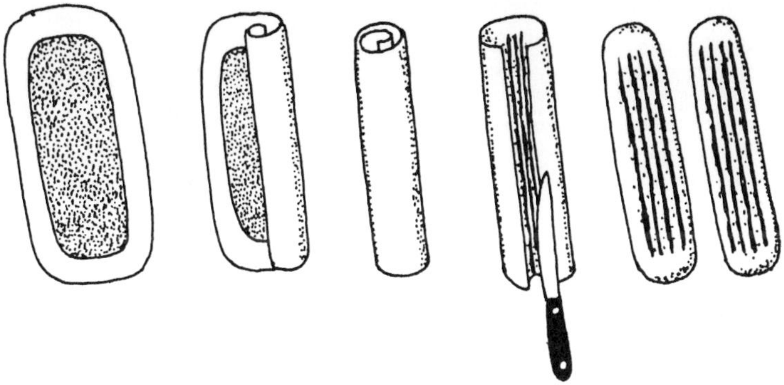

Apfelkuchen
Immer beliebt zum Kaffee

	Eine Springform von 28cm buttern und mit Bröseln bestreuen
800 g kleinere Äpfel	schälen,halbieren,vom Kernhaus befreien. Einschneiden wie auf der Zeichnung. Mit
Zitronensaft	beträufeln.
	Backröhre auf 200° vorheizen.
120 g weiche Butter	mit
180 g Zucker	im Wechsel mit
3 ganzen Eiern (á 60 g)	schön schaumig rühren.
	Die Schale von
1 Bio Zitrone	gerieben untermischen.
120 g Mehl	gesiebt und
1 EL hochprozentigen Rum	einrühren. Teig in die vorbereitete Form füllen. Die vorbereiteten Äpfel darauflegen und
50 g Mandelblättchen	
2 EL Zucker	darüberstreuen und den Kuchen bei 200° ca.40 Minuten backen. Er soll nicht zu trocken werden. Mit ein bisschen Schlagsahne sehr köstlich.

Dieser Kuchen ist auch mit anderem Obst wie Aprikosen, Pfirsichen und Zwetschgen sehr gut.

Sacher-Torte

150 g Butter	
150 g Edelbitter Schokolade	und
150 g Zucker	in einem feuerfesten Topf langsam zerlassen. Mit dem Handmixgerät zusammenrühren bis alles erkaltet ist. Dann
5 Eidotter	mit einrühren.
5 Eiweiß	mit
1 TL Zitronensaft	und
30 g Zucker	schlagen, mit
150 g Mehl	gesiebt, einheben, in die vorbereitete Form geben, bei 180° 3/4 Stunde backen. Nach dem Auskühlen
400 g Aprikosen-konfitüre	erhitzen und durchpassieren, mit
1 EL Gran Marnier	**oder**
1 EL Cointreau	vermischen, ringsum und oben verstreichen. Antrocknen lassen. Mit
Schokoguss	beziehen. Zu dieser Torte gehört eine kleine Schale mit Schlagsahne, damit der Genuss vollständig ist.

Für den **Schokoguss:**

200 g Puderzucker	mit
40 g Kakao (dunkel, schwach entölt)	sieben
4 EL Wasser	zufügen und glattrühren.
3 EL Kokosfett	zerlaufen lassen, etwas abgekühlt, unterrühren. Guss gleich verwenden. Bei Zimmertemperatur antrocknen lassen.

Nach Belieben kann die Torte auch mit Aprikosenkonfitüre gefüllt werden.

Streusel-Käsekuchen

Zwei beliebte Sorten Streuselkuchen und Käsekuchen vereint in einem Hochgenuß.

Zunächst die Streusel bereiten:

160 g Mehl (405)	in einen großen tieferen Teller sieben,
140 g Zucker	und
2 Pck. Vanillezucker	darüberstreuen.
160 g Mandeln	geschält und gerieben darauf verteilen. Mit einer Gabel locker vermischen.
	In einem Pfännchen
160 g Butter	zerlassen und in das Mehlgemisch unter ständigem Auflockern mit der Gabel langsam eintröpfeln.

Diese Methode gibt sehr schöne Streusel. Bis zur Verarbeitung kalt stellen.
Eine runde Tortenform mit einer guten Folie belegen, die Ränder einbuttern und mit Bröseln bestreuen. Nun die Hälfte der vorbereiteten Streuseln gleichmäßig einfüllen. Kaltstellen.

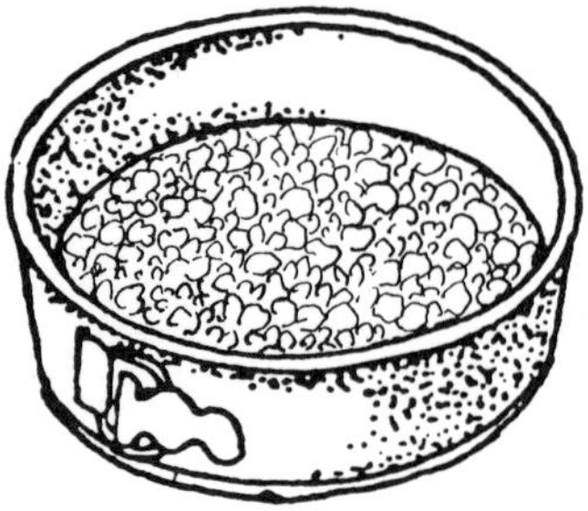

Für die Käsemasse brauchen Sie:

600 g **trockenen** Topfen	(evtl. mehr einkaufen und in einem Sieb abtropfen lassen.) Diesen mit einem Mixstab pürieren.
5 Eidotter	
1 Prise Salz	
2 EL Vanillezucker	und die Schale von
1 Naturzitrone	gerieben, zufügen. Mit
1/8 l dicker saurer Sahne	alles fest verrühren.
4 EL Mehl	gesiebt und
70 g Butter	lauwarm langsam einrühren.
4 EL Sultaninen	gewaschen und getrocknet in
2 EL Rum	mariniert, beifügen
5 Eiweiß	mit
1/2 TL Zitronensaft	und
20 g Zucker	steif schlagen und unterheben. Die Quarkmasse in die vorbereitete Form mit den kalten Streuseln füllen, oben glattstreichen und die restlichen, zurückgelegten kalten Streusel obenauf verteilen. Langsam backen im vorgeheizten Rohr ca. 1 Stunde bei 160°-180°. Käsemasse darf nicht noch weich und nass sein. Ist einfacher zu machen als das Rezept aussieht.

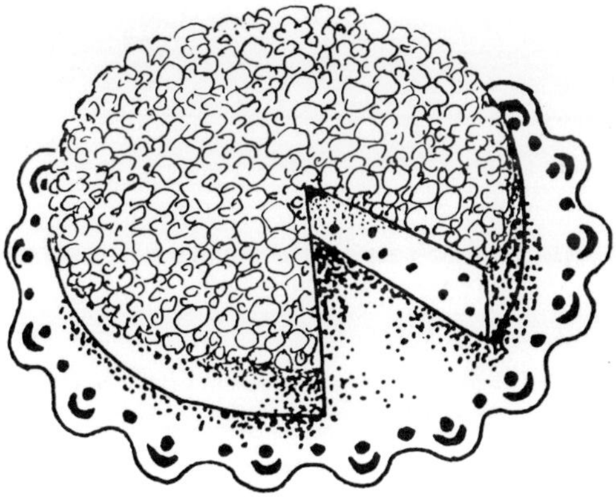

Dieser Kuchen kann auch gut verpackt eingefroren und für Überraschungsbesuche mit Heißluft aufgetaut werden.

Orangenkuchen

250 g weiche Butter	glattrühren.
200 g Zucker	mit
1 EL Vanillezucker	gemischt, im Wechsel mit
6 Eidottern	zu einer lockeren Schaummasse rühren, die ganz fein geriebene Schale von
1 1/2 Naturorangen	zugeben.
350 g Mehl	gesiebt, einheben,
2 EL Rum **oder** Cointreau	daraufgeben.
6 Eiweiß	mit
1 TL Zitronensaft	steifschlagen und sehr locker unterheben, dann in die vorbereitete Form füllen, mit
50 g Mandelblättchen	bestreuen und gleich backen. Ca. 45 Min. bei 180°, Umluft 160°. Garprobe machen. Den Kuchen auf einem Kuchengitter auskühlen lassen. Wenn erkaltet
1/2 Glas Orangenmarmelade	erhitzen und den Kuchen dünn damit bestreichen. Etwas antrocknen lassen, dann mit folgendem **Guss** beziehen:
250 g Puderzucker	in ein feuerfestes Töpfchen sieben.
2 EL Orangensaft	ebenfalls gesiebt mit
1 EL heißem Wasser	mit dem Puderzucker verrühren, bis der Guss schön glänzt. Den Kuchen damit beziehen. Mit
30 g Pistazien	fein gehackt, ein Kränzchen aufstreuen.

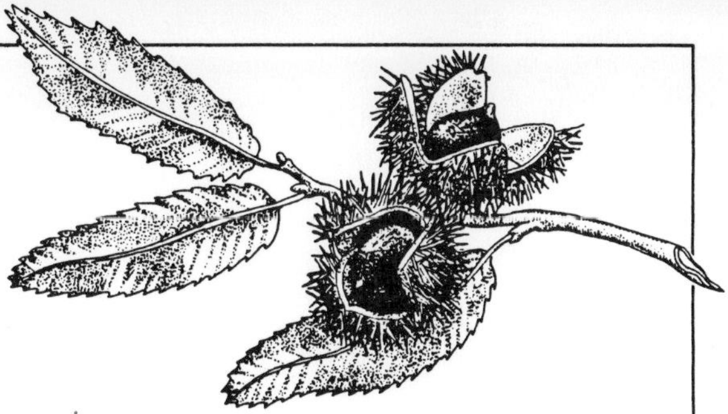

Kastanienkuchen

400 g Maroni (Kastanien)	in der Mitte einkerben, im Backherd bei 200° etwas mit Wasser besprenkeln, bei Umluft belassen bis sie aufspringen. Inzwischen Wasser zum Kochen aufstellen.
50 g Sultaninen in Rum	einweichen. Die Maroni schälen und 1/2 Stunde kochen. Absieben Hautreste beseitigen und dann pürieren.
5 Eigelb	mit
200 g Zucker	schaumig rühren, das Püree zufügen,
150 g Walnüsse	feingehackt mit
3 EL Grappa	und den eingeweichten Sultaninen dazugeben.
5 Eiweiß	mit
1 Msp. Salz	zu festem Schnee schlagen,
2 EL Kartoffelmehl	darübersieben und locker in den Teig mischen. Entweder in eine Kasten- oder nach Belieben in einer Tortenform ca.1 Std. bei 180° backen. Garprobe machen. Mit
Zitronen- **oder** Arrakguss	beziehen.

Cantucci

Nachdem sich dieses Gebäck in einer Dose oder eingeschweißt in Folie lange hält, empfiehlt sich ein größeres Quantum herzustellen.

1 Würfel oder	
1 Pck. Hefe	mit
2 EL Milch	glattrühren,
1/2 kg Zucker	
1/2 kg Mehl	sieben,
2 ganze Eier à 60 g	etwas verschlagen und zufügen. Alles verkneten.
1/2 kg Mandeln	ungeschält halbiert ein wenig trocken rösten, aber nicht zu fest. Abgekühlt unter den Teig heben. 20 Min. gehen lassen. Inzwischen Herd auf 170° vorheizen. Stollen von ca. 3 cm Ø rollen. Auf guter Backfolie bei 170° - 180° auf Mittelschiene ca. 45 Min. backen. Wenn Sie einen Umluftherd besitzen, können Sie die Temperatur ggf.reduzieren und die Backzeit verkürzen. Die Teigstollen sollen schön hellbraun sein.

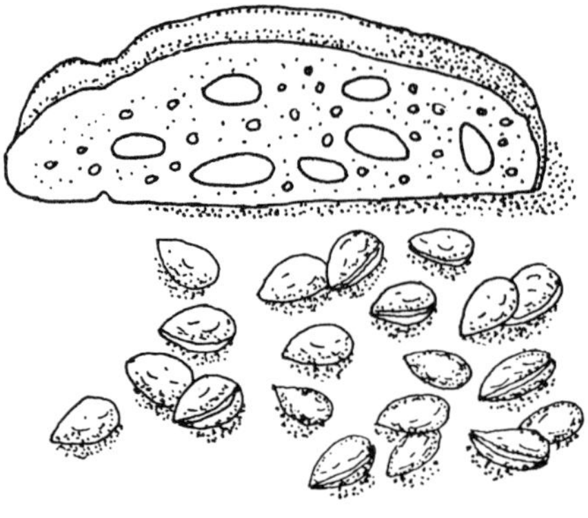

Nach dem Herausnehmen aus dem Herd erst etwas abkühlen lassen, dann entweder mit einem sehr scharfen Messer oder mit der Brotmaschine 1 - 1 1/2 cm dicke Scheibchen abschneiden. Auf einem Kuchengitter auskühlen und trocken werden lassen. Zu Espresso und Wein typisch italienisch! Darf auch eingetunkt werden.

Mandelschnitten

Blech fest einbuttern
oder mit Folie auslegen

250 g weiche Butter	
4 ganze Eier	
180 g Zucker	
2 EL Vanillezucker	mit der fein geriebenen Schale von
1 Bio Zitrone	schaumig rühren, mit
250 g Mehl	gesiebt mischen. Backröhre auf 200° vorheizen. Den Teig auf das vorbereitete Blech verteilen.
250 g Mandeln	geschält und gestiftelt gleichmäßig auf dem Blech verteilen.
50 g braunen Zucker	darüberstreuen. Bei 180° fertig-backen noch warm in Rauten oder Stangen schneiden.

Haselnuss-Stangen

Den Teig wie oben herstellen. An Stelle der Mandelstifte werden

250 g Haselnüsse	gehobelt und ebenso mit
50 g braunen Zucker	bestreut, ebenso gebacken. Noch warm in Streifen schneiden.

Hippenstreifen und Hohlhippen

60 g Puderzucker	sieben, mit
2 Eiweiß	gut vermischen
60 g Butter	zerlaufen lassen. Wenn lauwarm mit
60 g Mehl (Typ 450)	zu einem glatten Teig verrühren und diesen kaltstellen. Backrohr auf 220° oder Umluft 200° vorheizen. Den Teig dann 2 mm auf ein fest gebuttertes Blech streichen und 2-3 Min. goldgelb backen. Noch heiß in Streifen schneiden. Frisch am besten. Aufbewahren nur in gut verschließbaren Behältern.

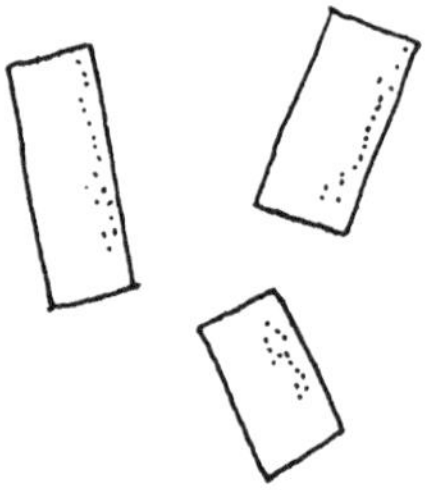

Aus demselben Teig können Sie auch Hohlhippen herstellen. Der Aufwand ist natürlich größer.

Auf Backpapier ca. 12 cm Kreise im Ø aufzeichnen, den Teig in dieser Größe aufstreichen, noch heiß aufrollen. Handschuhe anziehen!
Man kann auch die heißen Kreise über Flaschen legen, es werden dann schalenförmige Gebilde. Schmecken werden jedenfalls alle Variationen.

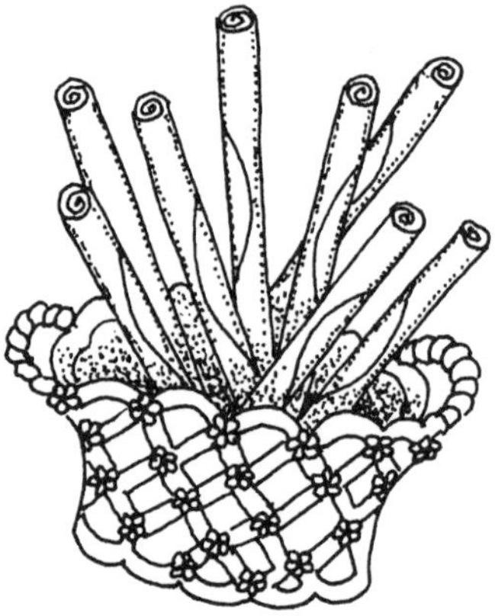

Amarettini
zum Espresso

3 Eiweiß (100 g)	mit
1 Prise Salz	steif schlagen.
250 g braunen Zucker	hinzufügen, am besten auf Dampf weiterschlagen.
4 geschälte Bittermandeln	sowie
200 g Mandeln	ungeschält und gerieben mit
1 kleinen TL Zimt	unterheben.

Mit einem Spritzbeutel oder mit 2 Mokkalöffeln ganz kleine Tupfen von ca. 1 cm auf ein mit Backfolie ausgelegtes Blech setzen. Bei 150° backen, bei Umluft weniger Hitze einstellen. Die Amarettini sollen schön bräunlich sein.

Meist wird im Café nur ein einziges zum Espresso hinter der kleinen Tasse versteckt.

Wie schön, wenn Sie mehr zu Hause haben.

Feine Waffeln

Frische Waffeln zum Kaffee sind immer beliebt und passen gut dazu. Zuhause können Sie diese neben dem Kaffeetisch bereiten. Leicht überpudern und warm servieren. Prima!

Das Rezept:

8 Eidotter	mit
1/2 l sauerem Rahm	verquirlen
250 g Mehl	gesiebt einrühren.
8 Eiweiß	mit
1/2 TL Salz	zu steifen Schnee schlagen und diesen locker einheben. Waffeleisen vorheizen, mit
Öl, hocherhitzbarem Fett	auspinseln. Den Teig nicht zu voll einfüllen, mit kleinem Schöpflöffel, und schön goldbraun backen. Mit
Puderzucker	bestäuben. Wer nicht "süß" möchte, kann als Variation mit **wenig feingemahlenem**
Salz, Kümmel **oder** Rosenpaprika	bepudern.

Französisches Gebäck

275 g Mehl	mit
1 EL echten Vanillezucker	und
75 g Puderzucker	auf ein Brett sieben, mit
175 g sehr kalter Butter	schnell zu einem Knetteig verarbeiten. Rollen von 4 cm Ø in Alufolie eingewickelt über Nacht kalt stellen. Anderentags Scheibchen von 3 mm Stärke abschneiden. Auf Folie hell backen bei 180° ca. 12 Min.

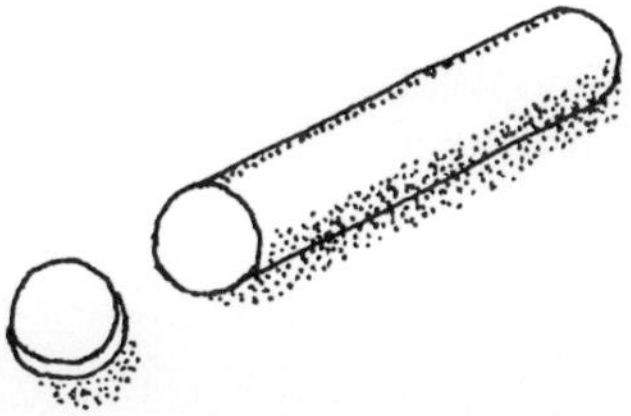

Dieses Gebäck ist sehr fein, kann abgewandelt werden zu Zitronentaler, nur feinstgeriebene Zitronen- oder auch Orangenschale in den Teig geben. (Bitte nur ungewachste Früchte verwenden.) Außerdem können Sie die Plätzchen dünner von der Rolle abschneiden und mit Konfitüre oder Gelee zusammenkleben. Auch mit Schokoguss schmecken Sie sehr fein. Sie können mit einem einzigen Rezept viele Sorten herstellen. Es rentiert sich sicher, das doppelte Quantum zu verwenden.

Hefezungen
Schnelles Gebäck

	Backröhre auf 180° vorheizen.
20 g Hefe (1/2 Würfel)	in
150 ml Milch (lauwarm)	hineinbröckeln mit
1 EL Zucker	glattrühren. In eine Schüssel
250 g Mehl	sieben, Hefe hineingeben,
80 g weiche Butter	in Flöckchen
1 Msp. Salz	zufügen, kurz mit der Hand durchkneten. Nicht extra gehen lassen. Vorheizen 180°. Backblech mit guter Folie belegen. Vom Teig nussgroße Stückchen länglich ausrollen, in
Hagelzucker oder braunen Zucker	drücken, mit der ungezuckerten Seite auf das Blech legen und 15 Minuten backen, bis die Ränder schön knusprig braun sind.
Variation:	Sie können Hefezungen auch salzig herstellen und die Zungen in
Salz, Kümmel, Oregano oder Paprika	vor dem Backen eindrücken.

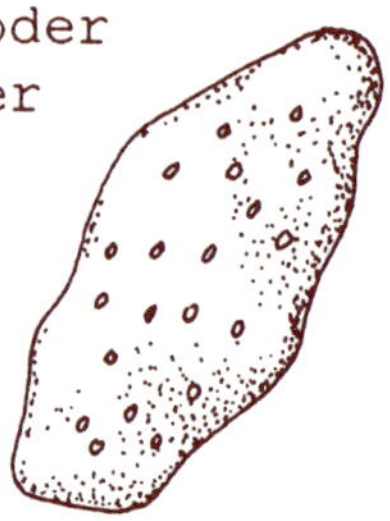

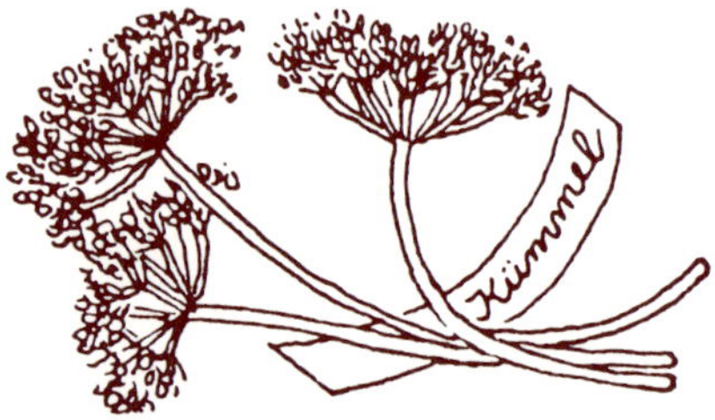

Cookies á la Provence

In einen Rührbecher geben:

200 g Mehl (Typ 450)	gesiebt,
50 g zimmerwarme Butter	in Stücken,
2 EL Olivenöl	darübersprenkeln
1 Ei (60 g)	zufügen,
1 TL Meersalz	sowie
1 TL „Kräuter der Provence"	anstreuen und alle diese Zutaten schnell mit der Hand oder mit dem Knethaken des Handrührgerätes gut vermischen. Auf einer Folie mit der Hand eine Rolle formen von 2,5 cm Ø, gut verschlossen im Kühlschrank oder schneller im Gefrierschrank erstarren lassen. Backröhre auf 200° vorheizen.

Von der Rolle 2,5 mm Scheibchen abschneiden, auf ein mit Folie belegtes Backblech nicht zu eng setzen und nochmals kühlen.
Ein normales Backblech passt in den Kühlschrank hinein. Dann schön **hellbraun** backen. Ca. 12-15 Min. 2. Schiene von oben.

Dieses Rezept ist sehr schnell gemacht. Ist auch für Diabetiker geeignet und Leute, die nicht immer süß mögen.

Krachblätter

25 g Hefe	mit
2 EL Milch	oder
2 EL Wasser	verrühren, bis sie glatt ist.
125 g Mehl Typ 405	
125 g Roggenmehl	und
1/2 TL Salz	zusammen sieben.
	Die Hefe einrühren, mit
3 EL Milch	und
2 EL Quark	vermischen. Diesen mittelfesten Teig ca. 1 Std. zugedeckt gehen lassen, dann dünn auswellen, nochmals gehen lassen. Entweder
neutrales Öl	oder
Butterschmalz	in einem Topf erhitzen, runde, wie Untertassen große, dünne Teigstücke schnell schwimmend goldgelb backen. Die Blätter sollen Blasen haben. Gut abtropfen lassen.

Sonstiges

Sonstiges

Mokka Caramellen

Mokka Mandelsplitter

Kaffee Pralinen

Cappuccino Eierlikör

Kleine Geschenke erhalten die Freundschaft

Cappucino Eierlikör

1/2 l Vollmilch	mit
50 g Zucker	erhitzen bis der Zucker gelöst ist.
4 EL besten Instant-Kaffee	in die heiße Milch einrühren und kalt stellen.
4 Eidotter	mit
130 g Puderzucker	und
2 EL Vanillezucker	schaumig rühren, mit dem inzwischen erkaltetem Kaffee-Milch-Gemisch zusammen durch ein feines Sieb laufen lassen, mit
1/4 l Weingeist (98%ig)	vermischen und in 2 kleinere Flaschen füllen. Kalt lagern, da der Likör in geöffneter Flasche verbraucht werden soll.

Mokka-Caramellen

3/8 l süßen Rahm — mit
1/8 l starkem Mokka
1 TL Butter
450 g Zucker — und
1 EL Vanillezucker — in einer Pfanne mit höherem Rand unter Rühren aufkochen bis die Masse hellbraun und dicklich wird. Auf eine mit
Mandelöl (kein Bittermandelöl) — bestrichene Marmor- oder glatte Porzellan Tortenplatte streichen ca. 2 cm hoch. Mit einem geölten Messer Würfel s. Zeichnung einkerben. Erkaltet diese erst durchschneiden. So erhalten die Caramellen ihre typische Form.

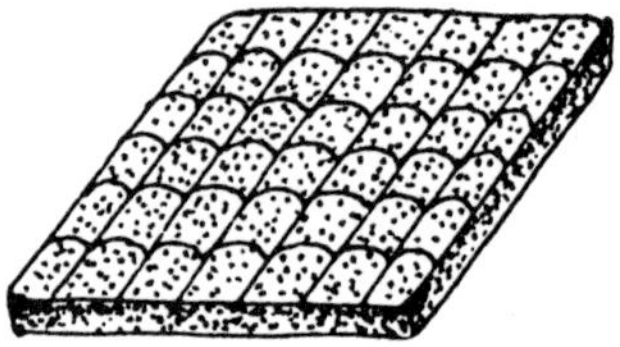

Mokka-Mandelsplitter

1 EL braunen Zucker — und
1 EL dunklen Honig — mit
1 EL Butter — in einer Stielpfanne erhitzen,
280 g Mandeln — gestiftelt zufügen und leicht bräunen, wenn etwas abgekühlt
2 EL Kaffeelikör — darüberträufeln
60 g Orangeat — feinstnudelig geschnitten unterheben.
350 g Mokkaschokolade — im Wasserbad erweichen und alle Zutaten vermischen. Mit zwei Kaffeelöffeln ovale Pralinen formen. Entweder in Pralinenmanschetten füllen oder auf Folie erkalten lassen. Am besten in Glas- oder Porzellanbehälter aufbewahren.

Kaffee-Pralinen

150 g Puderzucker	mit
3 EL Kakao (schwach entölt)	und
2 EL Vanillezucker	zusammen sieben,
75 g Butter	mit
1 Eigelb (70 g Ei)	schaumig rühren.
210 g Kaffee **oder** Mokkaschokolade	im Wasserbad schmelzen, mit der Schaummasse glattrühren, mit einer gezackten Spritztülle Tupfen in Pralinentöpfchen drücken. Im Kühlschrank fest werden lassen.

Schoko-Mokka-Trüffel

125 g Mokkaschokolade	im Wasserbad schmelzen
125 g Butter	zugeben und beides vermischen. Leicht abgekühlt
125 g Zucker	zufügen
1 EL Instant-Kaffee	in
1 EL Mokka Likör	auflösen und einrühren, Masse in der Tiefenkühle fest werden lassen. Mit Kartoffelausstecher runde Kugeln formen und in
Schokostreusel	wälzen. Kalt stellen.

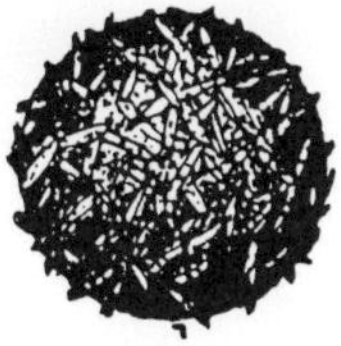

Eigene Rezepte

Eigene Rezepte

ABC

ABC

ABC

Bücher aus dem Verlag Olli Leeb

Die feinsten Plätzchen-Rezepte
gesammelt von Olli Leeb

Das spezielle Backbuch für Plätzchen, Lebkuchen, Guetzli und Konfekt. Ausgezeichnet mit der Silbermedaille der Gastronomischen Akademie Deutschlands. Farbfotos, viele Zeichnungen und Schutzklappen für die Buchseiten.

190 S. ISBN 3-921799-98-8

Köstlich frische Salate als Vorspeise
von Olli Leeb

Das erste Salatbuch, das sich mit allen gewachsenen Salatsorten befaßt, nach Farben geordnet. Nährwerttabelle, exklusive Farbfotos von Christian Teubner und viele Zeichnungen. Schutzklappen für die Seiten.

ISBN 3-921799-58-9

Ausgewählte Desserts
von Olli Leeb

Feine Rezepte für jeden Geschmack und jede Linie. Nach Farben der verwendeten Früchte geordnet. Farbfotos und reich illustriert.
Mit Nährwerttabelle. Schutzklappen für die Buchseiten.

198 S. ISBN 3-921799-84-8

Bayerische Leibspeisen
zusammengetragen von Olli Leeb

300 typische Rezepte aus Altbaiern, Franken und Schwaben. Für In- und Ausländer leicht nachzukochen. Kleine Bayernkunde und Bayerischer Kalender enthalten. Farbfotos und viele Zeichnungen.

172 S. ISBN 3-921799-80-5

Schnell was Feines
von Olli Leeb

Natürlich frisch, für Dich und mich ...
Ein praktisches Rezeptbuch für Vielbeschäftigte, für den Minihaushalt, für Studenten und Senioren. Mit vielen Anregungen und Tips. Kalorientabelle. Alphabetische Anordnung der Rezepte. Schöne Farbfotos (Studio Teubner) und Zeichnungen. Schutzklappen für die Buchseiten.

212 S. ISBN 3-921799-81-3

Von früh an fit mit Nico's Kinderküche
von Olli Leeb

Anhand dieses Buches können sich Buben und Mädchen ab 10 Jahren selbständig ein gesundes, schmackhaftes Essen bereiten, zur Entlastung der berufstätigen Mutter. Auch für erwachsene Anfänger geeignet. Mit Schutzkappen für die Buchseiten.

80 S. ISBN 3-921799-87-2

Eva kocht für Adam
Adam kocht für Eva
natürlich vollwertig
von Olli Leeb

Für beide in einem Buch: Feine, vegetarische und Fischrezepte, die leicht nachzukochen sind. Gut geeignet für junge, berufstätige Paare, aber auch für Senioren, die bewußt essen möchten. Nach neuesten Erkenntnissen auf dem Gebiet Ernährung konzipiert. Ein ideales Buch für die Zeit nach dem Fasten. Schöne Fotos und viele Zeichnungen. Mit Schutzklappen für die Seiten.

180 S. ISBN 3-921799-78-3

Kuchen
von Olli Leeb

Jede Menge köstliche Kuchen: Hefeteig-Kuchen, Mürbteig-Kuchen, Biskuit-Kuchen, Rührteig-Kuchen, Strudelteig und Blätterteig, auch Kuchen ohne Backen und alternative Kuchen. Schöne Farbbilder und Zeichnungen. Schutzklappen für die Seiten.

158 S. ISBN 3-921799-70-8

Rezept-Auslese
aus dem Fundus von Olli Leeb

Exquisite Rezepte mit schönen Fotos und reich illustriert. Mit Schutzklappen für die Buchseiten.

196 S. ISBN 3-921799-68-6

Rezept-Fundgrube
Index aller Rezepte

62 S. ISBN 3-921799-67-8

Bavarian Cooking
assembled by Olli Leeb

Over 300 recipes of Old Bavaria, Franconia and Swabia, easy to prepare at home. Aside from typical Bavarian specialities please note information about Bavaria, the Bavarians and their customs. Also included you will find color photos and numerous illustrations.

172 p. ISBN 3-921799-85-6

My favorite Cookies from the Old Country
Loved Recipes assembled by Olli Leeb

A very special collection of recipes for cookies, biscuits, gingerbread and confection. Silver Medal awarded by the German Academy of Gastronomy. Color photos and about 500 illustrations.

190 p. ISBN 3-921799-97-X

Der Fleck muß weg
von Olli Leeb

Ein informatives Handbuch zur Pflege, Wäsche und Reinigung edler Textilien und Lederkleidung. Mit genauer Materialkunde. So leben Ihre guten Stücke länger!

ISBN 3-921799-86-4

Garment Care
by Olli Leeb

Laundering and Cleaning of Exclusive Fabrics and Leather. Stain Removal made easy.

ISBN 3-921799-83-X

Geburtstags-Adress-Telefon-Fax-Kalender
mit Überklebstreifen für alte Adressen oder Änderungen.

köstlich frische
Salate als Vorspeise
Olli Leeb

Schnell was Feines
natürlich frisch
für Dich und mich ...
Olli Leeb

Bavarian Cooking
assembled by Olli Leeb

Bayerische Leibspeisen
zusammengetragen von Olli Leeb

Ausgewählte
Desserts
Olli Leeb

Die feinsten
PLÄTZCHEN
Rezepte
gesammelt von Olli Leeb

Die feinsten
Plätzchen
Rezepte
gesammelt von Olli Leeb

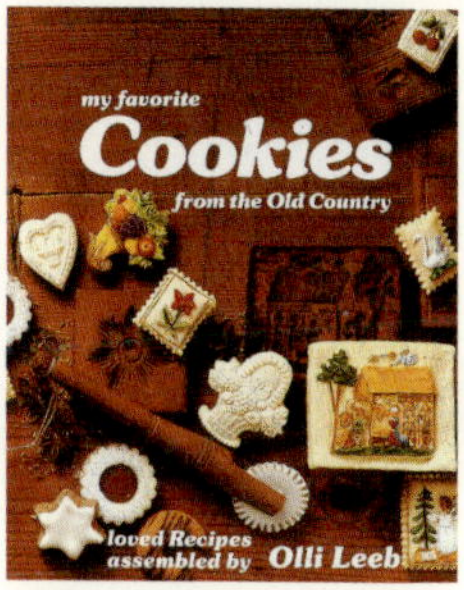
my favorite
Cookies
from the Old Country
loved Recipes assembled by Olli Leeb

Der Fleck muß weg
Olli Leeb
Pflege, Wäsche und Reinigung edler Textilien + Leder

GARMENT CARE
Laundering and Cleaning of Exclusive Fabrics and Leather
Stain Removal made easy by
Olli Leeb

Adam
KOCHT FÜR Eva
OLLI LEEB

Eva KOCHT
FÜR Adam
natürlich vollwertig
OLLI LEEB

Rezept Auslese
aus dem Fundus von
Olli Leeb

Rezept-
Fundgrube
Alles von A–Z aus den Kochbüchern von Olli Leeb
Quick
Reference
Alphabetical List of all Recipes by Olli Leeb

von früh an fit mit
NICO's
KINDERKÜCHE
OLLI LEEB

Kuchen
von Olli Leeb

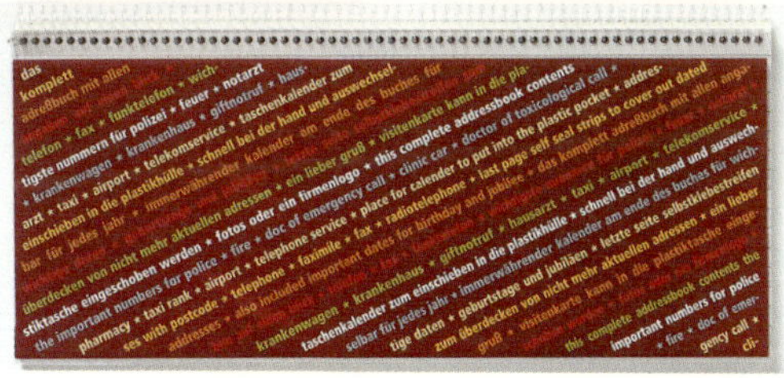

Bildnachweis

Spielkarten auf Kaffeesack v. 1960	Leihgabe von MGM Münzgalerie München
Morgenkaffee	Bild: Seidendruck von Marion Karr. Leihgabe von Galerie MK Oriental in Grafing bei München
Kaffeepflanze	TU Gartenbau Berlin mit frdl. Genehmigung
Kaffeetasse mit Kaffeekirschen	Foto: Miriam Krützfeldt 22083 Hamburg
Kaffeekarussell	Privatfoto, Litho: Foto Ludwig, München
Kaffeebehälter	Foto: Michael Volkmann, München
Café-Besuch	Foto: Michael Volkmann, München
Kaffee-Gespräche	Bildfoto Michael Volkmann Privatbesitz
Bücher aus dem Verlag	Foto: Michael Volkmann
Kaffee-Ernte in Brasilien Lithographie v. Deroi nach einer Zeichnung v. M. Rugendas 1835	BPK Berlin mit frdl. Genehmigung
Espressotassen	Foto: Genehmigung von Tom-Tom Verlag München

Literatur

Wasserberatung	AQUA NOVA GmbH D-83071 Stephanskirchen www.aqua-nova.de
Arabischer Kaffee	v. Maria Fadél Damaskus aus dem Buch "Damaskus" v. Rafik Schami mit frdl. Genehmigung v. Sancoussi Verlag bei Nagel u. Kimche Zürich
Zuckerentdeckung	Ausstellungskatalog "Das Kaffee Haus" OFM, Angelique Furtwängler u. Thomas Leeb München
Die Perlbohne	Kaffee-Experte und Kaffee-Tester Rudolf Krapf München, ganz besonderen Dank für die guten, fachmännischen Ratschläge.
Artikel-Teile	Kaffee Magazin Pipe and Cigar mit Genehmigung von Herrn Rudolf Krapf
Informations from	Specialty Coffee Ass. of America One World Trade Center Long Beach CA 90831